BODAS DE SANGRE
DOÑA ROSITA LA SOLTERA
Y POESIA LIRICA

Primera edición, 1978
Segunda edición, 1984
Tercera edición, 1984
Cuarta edición, 1987
Quinta edición, 1989
Sexta edición, 1992

Av. Ricardo Lyon 946, Santiago de Chile

Inscripción Nº 47.446

Se terminó de imprimir esta séptima edición
de 5.000 ejemplares en el mes de junio de 1994

ILUSTRACIONES: Alejandra Izquierdo

IMPRESORES: Alfabeta

IMPRESO EN CHILE / PRINTED IN CHILE

ISBN: 956-13-0885-0

FEDERICO GARCIA LORCA

BODAS DE SANGRE
DOÑA ROSITA LA SOLTERA
Y POESIA LIRICA

COORDINACION DE
HUGO MONTES

ILUSTRACIONES DE
ALEJANDRA IZQUIERDO

EDITORIAL ANDRES BELLO

NOTAS SOBRE FEDERICO GARCIA LORCA (1898 - 1936)

Quizá sea Federico García Lorca el poeta contemporáneo más conocido y admirado de la lengua castellana. Sus poemas son leídos, releídos, meditados por muchos jóvenes de hoy. Y no estamos en una época proclive a la poesía. Sus dramas valorizan el repertorio de las principales compañías teatrales de todo el mundo. Su poesía penetra en todas las moradas aunque sus imágenes son misteriosas, difíciles de entender y, por lo tanto, podrían desalentar a los lectores. Su teatro tiene una fuerza que lo impone a todos los públicos, aunque es muy discutida la vigencia del "teatro poético". La fuerza, la gracia, la calidad de la obra de García Lorca impuso su nombre aun antes de haber publicado su primer libro.

Federico García Lorca es un poeta andaluz. Murió muy joven, a los treinta y ocho años de edad, cuando estaba en plena madurez creadora y se podía esperar de él mucho más. Murió en 1936 víctima del caos humano y material en que se sumen los paises durante una guerra civil. Para comprender mejor cuánto más pudo haber producido si su vida hubiese continuado puede ser suficiente observar que fue coetáneo y amigo de Pablo Neruda y Vicente Aleixandre, ambos Premios Nobel de Literatura; de Salvador Dalí, pintor extraordinario; de Luis Buñuel, uno de los más importantes cineastas de la actualidad. En sólo dieciocho años creó una obra asombrosa por su calidad y por su cantidad. Por el torrente poético que fluía genial e incontenible ha sido comparado con Lope de Vega.

Más que español, García Lorca es un poeta andaluz. Andalucía está situada al sur de España. Es una región que contrasta fuertemente con los campos secos de la meseta central. Castilla, tierra árida, áspera, produce al guerrero idealista, ascético, parco en la expresión y fuerte en el carácter: el Cid, héroe histórico; Don Quijote, personaje literario universal. Andalucía produce la música del "cante jondo", el baile pleno de ritmo de los gitanos, la filigrana sonora de la guitarra. Andalucía tiene una vida que fluye rápida, ágil, suelta en todos los rincones. Los campos producen naranjas como en otras partes moras; los ríos y los arroyos alegran a la tierra y a los hombres; el sol acelera el ritmo de la savia y de la sangre. Si los hombres de Castilla templan su carácter en el trabajo duro que produce poco, el andaluz deja libre su alegría de vivir en una tierra que da mucho y pide poco. Andalucía es tierra de ritmo ágil en el movimiento, en el sonido, en el color, en la imaginación. Es tierra exuberante donde el espíritu moro, elegante, refinado y sensual, encontró clima apropiado. Andalucía libera el espíritu, estimula el fluir inmoderado, quita límites. La expresión popular califica como "cuento andaluz" aquel cuya exageración lo hace inverosímil.

La disolución de los límites trae libertad, pero acerca la tragedia. La música, el baile, la vitalidad llevan al amor y a la pasión. A veces se encuentra el cauce natural, otras, las más, no. El alma hispana, forjada en siglos de lucha religiosa contra el invasor musulmán, marcó en forma imborrable los caracteres de la moral cristiana; en ella, el sentido de la virtud y del honor es barrera sólida en que se estrella la pasión desbordada. Y surge el drama. Se sabe que no se puede, pero se quiere poder; se entiende que no se debe, pero ¡qué lástima detener el impulso oscuro y brioso! Este drama es más lacerante en la mujer. Más sensible, más intuitiva, más contenida por su ser y por razones sociales, la mujer percibe con mayor dolor el encuentro de esas fuerzas contrapuestas. Este es el mundo que capta y expresa García Lorca; esto es lo que da dramatismo a su poesía y llega a la tragedia en su teatro.

Se ha destacado la esencia popular y gitanesca de la obra de García Lorca. Ella es evidente, pero debe interpretarse en correcta perspectiva. En carta a Jorge Guillén dice en 1927: "Me va molestando un poco mi mito de gitanería. Confunden mi vida y mi carácter. No quiero de ninguna manera. Los gitanos son un tema. Y nada más"... "Además, el gitanismo me da un tono de incultura, de falta de educación y de poeta salvaje *que tú sabes bien no soy". García Lorca no es un poeta popular si se piensa en esas composiciones fáciles, ingenuas, picarescas o sentenciosas en que se expresa con frecuencia el espíritu popular. Es como si pretendiésemos calificar de popular la poesía de Pablo Neruda, tan certero captador de las esencias del hombre de Chile y de Hispanoamérica, tan sencillo en sus "Odas Elementales", pero cuyas imágenes se comprenden después de atenta recreación personal. La poesía de García Lorca no se aleja de las fuentes populares, pero su elaboración es culta, establece relaciones inesperadas, juega con el misterio. Lo guía un gusto certero que elimina todo lo accesorio y llega casi a la abstracción. Las relaciones que establece empujan el significado de las palabras hacia márgenes que son la parte menos hollada del idioma. No es un camino distinto del que usamos a diario, pero tampoco es la parte desgastada por el uso. No se permite adornos vistosos ni juegos ya sabidos. Va a lo básico; llega a sentidos claros pero no vulgares. Coge un tema cotidiano, algo que está en el quehacer diario del campesino, por ejemplo, cortar árboles, tarea del leñador, y le obliga a mirar qué le sucede al paisaje cuando ha terminado su tarea:*

CORTARON TRES ARBOLES

Eran tres.
(Vino el día con sus hachas,)

Eran dos.
(Alas rastreras de plata.)

Era uno.
Era ninguno.
(Se quedó desnuda el agua.)

¿Puede considerarse popular esta poesía? ¿Puede el alma popular depurarse hasta tal punto, aceptar tal ascetismo y replegar la rudeza? Sí puede. El Romancero antiguo, poesía popular por excelencia, tiene ejemplos que se acercan a esta depuración. Al referirse a ellos se habla de romances con final trunco que proyectan la imaginación y, si se leen con lentitud, aprietan la garganta. Es el caso del

ROMANCE DEL PRISIONERO

Que por mayo era, por mayo,
cuando hace la calor,
cuando los trigos encañan
y están los campos en flor,
cuando canta la calandria
y responde el ruiseñor,
cuando los enamorados
van a servir al amor,
sino yo, triste cuitado,
que yazgo en esta prisión
sin saber cuando es de día
ni cuando las noches son,
sino por una avecilla
que me cantaba al albor.
Matómela un ballestero,
déle Dios mal galardón.

Una imagen final inesperada, cortada en forma neta y proyectada hacia el fondo del dolor y del despojo. Ambos poemas son populares por su tema, por su sencillez, por la fuerza de la emoción que producen, por su simplicidad que les permite llegar a todos los hombres sin requerirles cultura ni experiencias literarias previas. Pero no son populares en su elaboración. El "Romance del Prisionero" es la culminación de una larga cadena selectiva y ha de haber recibido su versión final gracias al gusto delicado y seguro de un fino poeta. El poema de García Lorca nace en una imagen frecuente en el campo. Si bien su forma tan esquemática dificulta el acceso, nos parece que no se nos escapa su significado: entendemos que no es el día, pero a su vez puede ser el día el que viene con sus hachas. Hachas que parecen alas cuando vuelan a chocar con los troncos. Alas de acero que se ven plateadas. Y cuando ya han caído los tres árboles, vemos desnuda el agua del estero, sin la sombra ni el adorno movible del reflejo de esos árboles en el agua. Poesía popular en el espíritu, pero selecta en su forma de expresión.

Lo popular y lo gitano se confunden en Andalucía. Su poesía es gitana por la pasión que apenas se contiene y de pronto estalla; por la tensión hacia la muerte, muerte no temida aunque se vea próxima en la punta del cuchillo del adversario. Poesía gitana por la agilidad de su ritmo y la brillantez de su torrente de imágenes. Fuerza, agilidad, brillo le vienen a García Lorca de su Andalucía. El tema gitano aparece por su voluntad de captar las esencias de su pueblo y por su inclinación a estar del lado de los perseguidos y de los aventureros. Los temas que le proporciona la vida de los gitanos se confunden con los que le sugiere la vida de los campesinos; pero la mayor libertad del gitano, su espíritu pendenciero o el más fuerte contraste entre la pasión y el sentido del deber en la mujer morena, bullanguera y bailadora que es la gitana, ofrecen mejor tema a las imágenes del poeta.

El dramatismo implícito en la poesía de García Lorca lo llevó inevitablemente al teatro. El poema es la imagen pura; el teatro permite crear el clima emocional que nos prepara para recibir en mejor forma la idea que nos quiere transmitir el autor. El teatro, con todos sus recursos, permite dar vida a los seres que antes eran sólo imaginación. El drama parte de un conflicto, de una oposición de fuerzas o tendencias. La oposición entre la rígida moral que obliga especialmente a la mujer y el apasionamiento que tiende a eliminar barreras es en sí misma un conflicto y, por lo tanto, una situación básicamente dramática.

BODAS DE SANGRE (1933) constituyó el primer gran éxito teatral de García Lorca. Antes había escrito MARIANA PINEDA y una serie de obras menores, pero con BODAS DE SANGRE ingresa definitivamente al mundo teatral. El estreno de esta obra en Buenos Aires, ese mismo año 1933, le permitió llegar a nuestra América y rendir, junto a Pablo Neruda, un homenaje a Rubén Darío, homenaje que es un reconocimiento de admiración al aporte de Hispanoamérica a la cultura universal.

BODAS DE SANGRE es una tragedia en el sentido clásico. Los personajes se enfrentan a fuerzas superiores a ellos y deben inexorablemente sucumbir. La desgracia se percibe desde el primer cuadro. La madre no desea que su hijo lleve un cuchillo al campo ni siquiera para cortar uva. Odia los cuchillos. Por ellos ya perdió a su esposo y a su otro hijo y no desea perder al único que le queda. Hay en ella un odio irrefrenable hacia la familia de los Félix, los matadores. Su temor y su odio abren la obra. Odio y temor parecen inmotivados: el hijo quiere su cuchillo sólo para cortar uva; la muerte del padre y del otro hijo sucedieron ya hace años y es preciso superar el rencor. Pero el destino parece anudar su lazo cuando sabemos que la Novia antes tuvo amores con uno de los Félix. Eso ya terminó y Leonardo está casado, pero una nueva sombra de intranquilidad ha *aparecido. La muerte ronda a la Madre, quien ya ha sufrido mucho como para poder soportar un nuevo dolor.*

Al pesar y odio de la Madre se suma el otro elemento que constituye la obra: la lucha de la Novia por olvidar su antiguo amor. Ella rechazó a Leonardo hace años. Las concepciones sociales, a las que no logró sustraerse, la obligaron a evitar la unión con un hombre pobre. Ahora se casará con uno rico. Se unirán dos fortunas sólidas; tendrá su casa y sus hijos; la vida irá por el cauce que corresponde. Ella rechazó a Leonardo y ha aceptado al Novio. Su voluntad expresa es sellar con el matrimonio un pasado que ya no existe. Pero sin que ella lo quiera, sin que Leonardo lo busque conscientemente, una fuerza oscura los empuja. Un malestar notorio que surge inmotivado en su casa tiene Leonardo. Un disgusto por todo lo que se relacione con la boda tiene la Novia. Y esa fuerza oscura es la que finalmente se impone. Es la misma Novia quien prepara el caballo para huir con Leonardo en medio de su fiesta de matrimonio. No fue suficiente la voluntad. La pasión acallada durante años, aflora finalmente incontenible.

El resto es sólo el desenlace inevitable. El Novio deberá vengar la ofensa. En esa venganza estará incluida la muerte de su padre y de su hermano. En un cuadro alegórico y fantasmal, García Lorca introduce la Muerte, mendiga que necesita sangre joven para aplacar su frío, y a la Luna, cuya luz permitirá el encuentro del vengador y los amantes que huyen.

La voluntad de los hombres no es suficiente para detener la fuerza telúrica y oscura de la pasión. La tragedia sobreviene porque la Muerte ronda siempre, acompañada de la Luna, en busca de nuevas víctimas jóvenes y fuertes. En esta oportunidad se llevará dos hombres, el Novio y Leonardo, pues cada uno mata al otro. La Novia, mujer honesta a pesar de su acción, volverá para recibir el castigo de manos de la Madre, y, sobre todo, para mostrarle que aún conserva su virginidad. No fue del Novio ni de Leonardo y eso debe constar.

A la Madre y a la Mujer de Leonardo no les quedará nada más que encerrarse en su casa a llorar. Para ellas la vida ha terminado. Según la rígida visión del campo hispano, que recoge García Lorca en esta y otras obras ("La Casa de Bernarda Alba"), en la vida de una mujer debe haber sólo un hombre. Muerto él, se acaba la vida. Se cierran las puertas y las ventanas y el único horizonte son las paredes de la casa.

Este drama contiene los temas fundamentales de García Lorca: la presencia inevitable de la muerte; la fuerza de la pasión, el sentido del honor que obliga especialmente a las mujeres, y las convierte en figuras trágicas, siempre más fuertes y decididas que los hombres.

Los tres cuadros del primer acto presentan respectivamente a las tres familias involucradas en la tragedia: la de la Madre y el Novio; de la Mujer y Leonardo; la de la Novia y el Padre. En el segundo acto se desarrolla el conflicto propiamente tal y se llega al clímax de la obra. El tercer acto es un largo y esperado desenlace que permite a García Lorca desarrollar sus imágenes fantasmales y mostrar poéticamente el poder unido de la Muerte y de la Luna.

La inclusión de DOÑA ROSITA LA SOLTERA o EL LENGUAJE DE LAS FLORES en este libro, permitirá a los lectores captar la amplitud del registro dramático de Federico García Lorca. Es una obra en la cual sobresale la poesía propiamente tal, la que permite calificar con todo derecho al autor como un dramaturgo lírico. En esta línea García Lorca empalma con el teatro nacional español, que en la pluma superior de Lope de Vega y sus continuadores inmediatos supo unir acertadamente acción dramática y poesía lírica.

La breve selección de poemas que acompaña la presente edición de BODAS DE SANGRE y de DOÑA ROSITA LA SOLTERA, tiene el propósito de apoyar la captación de las ideas centrales de García Lorca y mostrar la continuidad y unidad de su pensamiento.

AGUSTÍN LETELIER Z.

XXX

BODAS DE SANGRE

TRAGEDIA EN TRES ACTOS Y SIETE CUADROS
(1933)

PERSONAJES

LA MADRE
LA NOVIA
LA SUEGRA
LA MUJER DE LEONARDO
LA CRIADA
LA VECINA
MUCHACHAS
LEONARDO
EL NOVIO
EL PADRE DE LA NOVIA
LA LUNA
LA MUERTE *(como Mendiga)*
LEÑADORES
MOZOS

ACTO PRIMERO

CUADRO PRIMERO

HABITACION PINTADA DE AMARILLO

NOVIO *(entrando).* —Madre.

MADRE —¿Qué?

NOVIO —Me voy.

MADRE —¿Adónde?.

NOVIO —A la viña. *(Va a salir).*

MADRE —Espera.

NOVIO —¿Quiere algo?

MADRE —Hijo, el almuerzo.

NOVIO —Déjelo. Comeré uvas. Déme la navaja.

MADRE —¿Para qué?

NOVIO *(riendo)* —Para cortarlas.

MADRE *(entre dientes y buscándola).* —La navaja, la navaja... Malditas sean todas y el bribón que las inventó.

NOVIO —Vamos a otro asunto.

MADRE — Y las escopetas y las pistolas y el cuchillo más pequeño, y hasta las azadas y los bieldos de la era.

NOVIO — Bueno.

MADRE — Todo lo que puede cortar el cuerpo de un hombre. Un hombre hermoso, con su flor en la boca, que sale a las viñas o va a sus olivos propios, porque son de él, heredados. . .

NOVIO *(bajando la cabeza).* — Calle usted.

MADRE — ...y ese hombre no vuelve. O si vuelve es para ponerle una palma encima o un plato de sal gorda para que no se hinche. No sé cómo te atreves a llevar una navaja en tu cuerpo, ni cómo yo dejo a la serpiente dentro del arcón.

NOVIO — ¿Está bueno ya?

MADRE — Cien años que yo viviera, no hablaría de otra cosa. Primero tu padre; que me olía a clavel y lo disfruté tres años escasos. Luego tu hermano. ¿Y es justo y puede ser que una cosa pequeña como una pistola o una navaja pueda acabar con un hombre, que es un toro? No callaría nunca. Pasan los meses y la desesperación me pica en los ojos y hasta en las puntas del pelo.

NOVIO *(fuerte).* — ¿Vamos a acabar?

MADRE — No. No vamos a acabar. ¿Me puede alguien traer a tu padre? ¿Y a tu hermano? Y luego el presidio. ¿Qué es el presidio? ¡Allí comen, allí fuman, allí tocan los instrumentos! Mis muertos llenos de hierba, sin hablar, hechos polvo; dos hombres que eran dos geranios... Los matadores, en presidio, frescos, viendo los montes...

NOVIO —¿Es que quiere usted que los mate?

MADRE —No... Si hablo es porque... ¿Cómo no voy a hablar viéndote salir por esa puerta? Es que no me gusta que lleves navaja. Es que... que no quisiera que salieras al campo.

NOVIO *(riendo).* —¡Vamos!

MADRE —Que me gustaría que fueras una mujer. No te irías al arroyo ahora y bordaríamos las dos cenefas y perritos de lana.

NOVIO *(coge de un brazo a la Madre y ríe).* —Madre, ¿y si yo la llevara conmigo a las viñas?

MADRE —¿Qué hace en las viñas una vieja? ¿Me ibas a meter debajo de los pámpanos?

NOVIO *(levantándola en sus brazos).* —Vieja, revieja, requetevieja.

MADRE —Tu padre sí que me llevaba. Eso es buena casta. Sangre. Tu abuelo dejó un hijo en cada esquina. Eso me gusta. Los hombres, hombres; el trigo, trigo.

NOVIO —¿Y yo, madre?

MADRE —¿Tú, qué?

NOVIO —¿Necesito decírselo otra vez?

MADRE *(seria).* —¡Ah!

NOVIO —¿Es que le hace mal?

MADRE —No.

NOVIO —¿Entonces?

MADRE —No lo sé yo misma. Así, de pronto, siempre me sorprende. Yo sé que la muchacha es buena. ¿Verdad que sí? Modosa. Trabajadora. Amasa su pan y cose sus faldas, y siento sin embargo, cuando la nombro, como si me dieran una pedrada en la frente.

NOVIO —Tonterías.

MADRE —Más que tonterías. Es que me quedo sola. Ya no me quedas más que tú y siento que te vayas.

NOVIO —Pero usted vendrá con nosotros.

MADRE —No. Yo no puedo dejar aquí solos a tu padre y a tu hermano. Tengo que ir todas las mañanas, y si me voy es fácil que muera uno de los Félix, uno de la familia de los matadores, y lo entierren al lado. ¡Y eso sí que no! ¡Ca! ¡Eso sí que no! Porque con las uñas los desentierro y yo sola los machaco contra la tapia.

NOVIO *(fuerte)*. —Vuelta otra vez.

MADRE —Perdóname. *(Pausa)*. ¿Cuánto tiempo llevas en relaciones?

NOVIO —Tres años. Ya pude comprar la viña.

MADRE —Tres años ¿Ella tuvo un novio, no?

NOVIO — No sé. Creo que no. Las muchachas tienen que mirar con quién se casan.

MADRE — Sí. Yo no miré a nadie. Miré a tu padre, y cuando lo mataron miré a la pared de enfrente. Una mujer con un hombre, y ya está.

NOVIO — Usted sabe que mi novia es buena.

MADRE — No lo dudo. De todos modos siento no saber cómo fue su madre.

NOVIO — ¿Qué más da?

MADRE *(mirándolo).* — Hijo.

NOVIO — ¿Qué quiere usted?

MADRE — ¡Que es verdad! ¡Que tiene razón! ¿Cuándo quieres que la pida?

NOVIO *(alegre).* — ¿Le parece bien el domingo?

MADRE *(seria).* — Le llevaré los pendientes de azófar, que son antiguos, y tú le compras...

NOVIO — Usted entiende más...

MADRE — Le compras unas medias caladas, y para ti dos trajes... ¡Tres! ¡No te tengo más que a ti!

NOVIO — Me voy. Mañana iré a verla.

MADRE — Sí, sí, y a ver si me alegras con seis nietos, o los que te dé la gana, ya que tu padre no tuvo lugar de hacérmelos a mí.

NOVIO — El primero para usted.

MADRE —Sí, pero que haya niñas. Que yo quiero bordar y hacer encaje y estar tranquila.

NOVIO —Estoy seguro de que usted querrá a mi novia.

MADRE —La querré. *(Se dirige a besarlo y reacciona).* Anda, ya estás muy grande para besos. Se los das a tu mujer. *(Pausa. Aparte).* Cuando lo sea.

NOVIO —Me voy.

MADRE —Que caves bien la parte del molinillo, que la tienes descuidada.

NOVIO —¡Lo dicho!

MADRE —Anda con Dios. *(Vase el Novio. La Madre queda sentada de espaldas a la puerta. Aparece en la puerta una Vecina vestida de color oscuro, con pañuelo a la cabeza). Pasa.*

VECINA —¿Cómo estás?

MADRE —Ya ves.

VECINA —Yo bajé a la tienda y vine a verte. ¡Vivimos tan lejos!

MADRE —Hace veinte años que no he subido a lo alto de la calle.

VECINA —Tú estás bien.

MADRE —¿Lo crees?

VECINA —Las cosas pasan. Hace dos días trajeron al hijo de mi vecina con los dos brazos cortados por la máquina. *(Se sienta).*

MADRE — ¿A Rafael?

VECINA — Sí. Y allí lo tienes. Muchas veces pienso que tu hijo y el mío están mejor donde están, dormidos, descansando, que no expuestos a quedarse inútiles.

MADRE — Calla. Todo eso son invenciones, pero no consuelos.

VECINA — ¡Ay!

MADRE — ¡Ay! *(Pausa).*

VECINA *(triste).* — ¿Y tu hijo?

MADRE — Salió.

VECINA — ¡Al fin compró la viña!

MADRE — Tuvo suerte.

VECINA — Ahora se casará.

MADRE *(como despertando y acercando su silla a la silla de la Vecina).* — Oye.

VECINA *(en plan confidencial).* — Dime.

MADRE — ¿Tú conoces a la novia de mi hijo?

VECINA — ¡Buena muchacha!

MADRE — Sí, pero. . .

VECINA — Pero quien la conozca a fondo no hay nadie. Vive sola con su padre allí, tan lejos, a diez leguas de la casa más cerca. Pero es buena. Acostumbrada a la soledad.

MADRE — ¿Y su madre?

VECINA —A su madre la conocí. Hermosa. Le relucía la cara como un santo; pero a mí no me gustó nunca. No quería a su marido.

MADRE *(fuerte).* —Pero ¡cuántas cosas sabéis las gentes!

VECINA —Perdona. No quise ofender; pero es verdad. Ahora, si fue decente o no, nadie lo dijo. De esto no se ha hablado. Ella era orgullosa.

MADRE —¡Siempre igual!

VECINA —Tú me preguntaste.

MADRE —Es que quisiera que ni a la viva ni a la muerta las conociera nadie. Que fueran como dos cardos, que ninguna persona les nombra· y pinchan si llega el momento.

VECINA —Tienes razón. Tu hijo vale mucho.

MADRE —Vale. Por eso lo cuido. A mí me habían dicho que la muchacha tuvo novio hace tiempo.

VECINA —Tendría ella quince años. El se casó ya hace dos años, con una prima de ella, por cierto. Nadie se acuerda del noviazgo.

MADRE —¿Cómo te acuerdas tú?

VECINA —¡Me haces unas preguntas!

MADRE —A cada uno le gusta enterarse de lo que le duele. ¿Quién fue el novio?

VECINA —Leonardo.

MADRE — ¿Qué Leonardo?

VECINA — Leonardo el de los Félix.

MADRE *(levantándose).* — ¡De los Félix!

VECINA — Mujer, ¿qué culpa tiene Leonardo de nada? Él tenía ocho años cuando las cuestiones.

MADRE — Es verdad... Pero oigo eso de Félix y es lo mismo *(entre dientes)* Félix que llenárseme de cieno la boca *(escupe)* y tengo que escupir, tengo que escupir por no matar.

VECINA — Repórtate; ¿qué sacas con eso?

MADRE — Nada. Pero tú lo comprendes.

VECINA — No te opongas a la felicidad de tu hijo. No le digas nada. Tú estás vieja. Yo también. A ti y a mí nos toca callar.

MADRE — No le diré nada.

VECINA *(besándola).* — *Nada.*

MADRE *(serena).* — Las cosas...

VECINA — Me voy, que pronto llegará mi gente del campo.

MADRE — ¿Has visto qué día de calor?

VECINA — Iban negros los chiquillos que llevan el agua a los segadores. Adiós, mujer.

MADRE — Adiós.
(La Madre se dirige a la puerta de la izquierda. En medio del camino se detiene y lentamente se santigua).

CUADRO SEGUNDO

Habitación pintada de rosa con cobres y ramos de flores populares. En el centro, una mesa con mantel. Es la mañana.

(Suegra de Leonardo con un niño en brazos. Lo mece. La mujer en la otra esquina, hace punto de media).

SUEGRA
Nana, niño, nana
del caballo grande
que no quiso el agua.
El agua era negra
dentro de las ramas.
Cuando llega al puente
se detiene y canta.
¿Quién dirá, mi niño,
lo que tiene el agua,
con su larga cola
por su verde sala?

MUJER *(bajo).*
Duérmete, clavel,
que el caballo no quiere beber.

SUEGRA
Duérmete, rosal,
que el caballo se pone a llorar.
Las patas heridas,
las crines heladas,
dentro de los ojos
un puñal de plata.
Bajaban al río.
¡Ay, cómo bajaban!
La sangre corría
más fuerte que el agua.

MUJER	Duérmete, clavel, que el caballo no quiere beber.
SUEGRA	Duérmete, rosal, que el caballo se pone a llorar.
MUJER	No quiso tocar la orilla mojada su belfo caliente con moscas de plata. A los montes duros sólo relinchaba con el río muerto sobre la garganta. ¡Ay caballo grande que no quiso el agua! ¡Ay dolor de nieve, caballo del alba!
SUEGRA	¡No vengas! Detente, cierra la ventana con ramas de sueños y sueño de ramas.
MUJER	Mi niño se duerme.
SUEGRA	Mi niño se calla.
MUJER	Caballo, mi niño tiene una almohada.
SUEGRA	Su cuna de acero.
MUJER	Su colcha de holanda.
SUEGRA	Nana, niño, nana.
MUJER	¡Ay caballo grande que no quiso el agua!
SUEGRA	¡No vengas, no entres! Vete a la montaña.

Por los valles grises
donde está la jaca.

MUJER *(mirando).*
Mi niño se duerme.

SUEGRA Mi niño descansa.

MUJER *(bajito).*
Duérmete, clavel,
que el caballo no quiere beber.

SUEGRA *(levantándose y muy bajito).*
Duérmete, rosal,
que el caballo se pone a llorar.

(Entran el niño. Entra Leonardo)

LEONARDO —¿Y el niño?

MUJER —Se durmió.

LEONARDO —Ayer no estuvo bien. Lloró por la noche.

MUJER *(alegre).* —Hoy está como una dalia. ¿Y tú? ¿Fuiste a casa del herrador?

LEONARDO —De allí vengo. ¿Querrás creer? Llevo más de dos meses poniendo herraduras nuevas al caballo y siempre se le caen. Por lo visto se las arranca con las piedras.

MUJER —¿Y no será que lo usas mucho?

LEONARDO —No. Casi no lo utilizo.

MUJER —Ayer me dijeron las vecinas que te habían visto al límite de los llanos.

LEONARDO —¿Quién lo dijo?

MUJER —Las mujeres que cogen las alcaparras. Por cierto que me sorprendió. ¿Eras tú?

LEONARDO —No. ¿Qué iba a hacer yo allí, en aquel secano?

MUJER —Eso dije. Pero el caballo estaba reventado de sudar.

LEONARDO —¿Lo viste tú?

MUJER —No. Mi madre.

LEONARDO —¿Está con el niño?

MUJER —Sí ¿Quieres un refresco de limón?

LEONARDO —Con el agua bien fría.

MUJER —¿Cómo no viniste a comer?...

LEONARDO —Estuve con los medidores del trigo. Siempre entretienen.

MUJER *(haciendo el refresco y muy tierna).* —¿Y lo pagan a buen precio?

LEONARDO —El justo.

MUJER —Me hace falta un vestido y al niño una gorra con lazos.

LEONARDO *(levantándose)* —Voy a verlo.

MUJER —Ten cuidado, que está dormido.

SUEGRA *(saliendo).* —Pero ¿quién da esas carreras al caballo? Está abajo tendido, con los ojos desorbitados como si llegara del fin del mundo.

LEONARDO *(agrio).* —Yo.

SUEGRA — Perdona; tuyo es.

MUJER *(tímida).* — Estuvo con los medidores del trigo.

SUEGRA — Por mí, que reviente. *(Se sienta. Pausa).*

MUJER — El refresco. ¿Está frío?

LEONARDO — Sí.

MUJER — ¿Sabes que piden a mi prima?

LEONARDO — ¿Cuándo?

MUJER — Mañana. La boda será dentro de un mes. Espero que vendrán a invitarnos.

LEONARDO *(serio).* — No sé.

SUEGRA — La madre de él creo que no estaba muy satisfecha con el casamiento.

LEONARDO — Y quizá tenga razón. Ella es de cuidado.

MUJER — No me gusta que penséis mal de una buena muchacha.

SUEGRA — Pero cuando dice eso es porque la conoce. ¿No ves que fue tres años novia suya? *(Con intención).*

LEONARDO — Pero la dejé. *(A su mujer)* ¿Vas a llorar ahora?

MUJER — ¡Quita! *(Le aparta bruscamente las manos de la cara).* Vamos a ver al niño.

(Entran abrazados. Aparece la Muchacha, alegre. Entra corriendo).

MUCHACHA — Señora.

SUEGRA —¿Qué pasa?

MUCHACHA —Llegó el novio a la tienda y ha comprado todo lo mejor que había.

SUEGRA —¿Vino solo?

MUCHACHA —No, con su madre. Seria, alta *(La imita).* Pero ¡qué lujo!

SUEGRA —Ellos tienen dinero.

MUCHACHA —¡Y compraron unas medias caladas!... ¡Ay, qué medias! ¡El sueño de las mujeres en medias! Mire usted: una golondrina aquí *(señala el tobillo),* un barco aquí *(señala la pantorrilla),* y aquí una rosa *(señala el muslo).*

SUEGRA —¡Niña!

MUCHACHA —¡Una rosa con las semillas y el tallo!

¡Ay! ¡Todo en seda!

SUEGRA —Se van a juntar dos buenos capitales.

(Aparecen Leonardo y su Mujer).

MUCHACHA —Vengo a deciros lo que están comprando.

LEONARDO *(fuerte).* —No nos importa.

MUJER —Déjala.

SUEGRA —Leonardo, no es para tanto.

MUCHACHA —Usted dispense. *(Se va llorando).*

SUEGRA —¿Qué necesidad tienes de ponerte a mal con las gentes?

LEONARDO —No le he preguntado su opinión. *(Se sienta).*

SUEGRA — Está bien. *(Pausa).*

MUJER *(a Leonardo).* — ¿Qué te pasa? ¿Qué idea te bulle por dentro de la cabeza? No me dejes así sin saber nada...

LEONARDO — Quita.

MUJER — No. Quiero que me mires y me lo digas.

LEONARDO — Déjame. *(Se levanta).*

MUJER — ¿Adónde vas, hijo?

LEONARDO *(agrio).* — ¿Te puedes callar?

SUEGRA *(enérgica, a su hija).* — ¡Cállate! *(Sale Leonardo).* ¡El niño!

(Entra y vuelve a salir con él en brazos. La Mujer ha permanecido de pie, inmóvil).

Las patas heridas,
las crines heladas,
dentro de los ojos
un puñal de plata.
Bajaban al río.
¡Ay, cómo bajaban!
La sangre corría
más fuerte que el agua.

MUJER *(volviéndose lentamente y como soñando).*

Duérmete, clavel,
que el caballo se pone a beber.

SUEGRA Duérmete, rosal,
que el caballo se pone a llorar.

MUJER Nana, niño, nana.

SUEGRA ¡Ay, caballo grande
que no quiso el agua!

MUJER (*dramática.*)
¡No vengas, no entres!
¡Vete a la montaña!
¡Ay dolor de nieve,
caballo del alba!

SUEGRA (*llorando*).
Mi niño se duerme...

MUJER (*llorando y acercándose lentamente*).
Mi niño descansa...

SUEGRA Duérmete, clavel,
que el caballo se pone a beber.

MUJER (*llorando y apoyándose sobre la mesa*).
Duérmete, rosal,
que el caballo se pone a llorar.

TELON

CUADRO TERCERO

Interior de la cueva donde vive la Novia. Al fondo, una cruz de grandes flores rosa. Las puertas redondas con cortinas de encaje y lazos rosa. Por las paredes de material blanco y duro, abanicos redondos, jarros azules y pequeños espejos.

CRIADA —Pasen... (*Muy afable, llena de hipocresía humilde. Entran el Novio y su Madre. La Madre viste de raso negro y lleva mantilla de encaje. El novio, de pana negra con gran cadena de oro).* ¿Se quieren sentar? Ahora vienen. *(Sale).*

(Quedan madre e hijo sentados, inmóviles como estatuas. Pausa larga).

MADRE —¿Traes el reloj?

NOVIO —Sí. *(Lo saca y lo mira).*

MADRE —Tenemos que volver a tiempo. ¡Qué lejos vive esta gente!

NOVIO —Pero estas tierras son buenas.

MADRE —Buenas; pero demasiado solas. Cuatro horas de camino y ni una casa ni un árbol.

NOVIO —Estos son los secanos.

MADRE —Tu padre los hubiera cubierto de árboles.

NOVIO —¿Sin agua?

MADRE —Ya la hubiera buscado. Los tres años que estuvo casado conmigo, plantó diez cerezos. *(Haciendo memoria).* Los tres nogales del molino, toda una viña y una planta que se llama Júpiter, que da flores encarnadas, y se secó. *(Pausa).*

NOVIO *(por la novia).* —Debe estar vistiéndose.

(Entra el Padre de la novia. Es anciano, con el cabello blanco reluciente. Lleva la cabeza inclinada. La Madre y el Novio se levantan y se dan las manos en silencio).

PADRE —¿Mucho tiempo de viaje?

MADRE —Cuatro horas. *(Se sientan).*

PADRE —Habéis venido por el camino más largo.

MADRE —Yo estoy ya vieja para andar por las terreras del río.

NOVIO —Se marea. *(Pausa).*

PADRE —Buena cosecha de esparto.

NOVIO —Buena de verdad.

PADRE —En mi tiempo, ni esparto daba esta tierra. Ha sido necesario castigarla y hasta llorarla, para que nos dé algo provechoso.

MADRE —Pero ahora da. No te quejes. Yo no vengo a pedirte nada.

PADRE *(sonriendo).* —Tú eres más rica que yo. Las viñas valen un capital. Cada pámpano una moneda de plata. Lo que siento es que las tierras... ¿entiendes?... estén separadas. A mí me gusta todo junto. Una espina tengo en el corazón, y es la huertecilla ésa metida entre mis tierras, que no me quieren vender por todo el oro del mundo.

NOVIO —Eso pasa siempre.

PADRE —Si pudiéramos con veinte pares de bueyes traer tus viñas aquí y ponerlas en la ladera. ¡Qué alegría!...

MADRE —¿Para qué?

PADRE —Lo mío es de ella y lo tuyo de él. Por

eso. Para verlo todo junto, ¡que junto es una hermosura!

NOVIO —Y sería menos trabajo.

MADRE —Cuando yo me muera, vendéis aquello y compráis aquí al lado.

PADRE —Vender, ¡vender! ¡Bah!; comprar, hija, comprarlo todo. Si yo hubiera tenido hijos hubiera comprado todo este monte hasta la parte del arroyo. Porque no es buena tierra; pero con brazos se la hace buena, y como no pasa gente no te roban los frutos y puedes dormir tranquilo. *(Pausa).*

MADRE —Tú sabes a lo que vengo.

PADRE —Sí.

MADRE —¿Y qué?

PADRE —Me parece bien. Ellos lo han hablado.

MADRE —Mi hijo tiene y puede.

PADRE —Mi hija también.

MADRE —Mi hijo es hermoso. No ha conocido mujer. La honra más limpia que una sábana puesta al sol.

PADRE —Qué te digo de la mía. Hace las migas a las tres, cuando el lucero. No habla nunca; suave como la lana, borda toda clase de bordados y puede cortar una maroma con los dientes.

MADRE —Dios bendiga su casa.

PADRE —Que Dios la bendiga.

(Aparece la criada con dos bandejas. Una con copas y la otra con dulces).

MADRE *(al hijo).* —¿Cuándo queréis la boda?

NOVIO —El jueves próximo.

PADRE —Día en que ella cumple veintidós años justos.

MADRE —¡Veintidós años! Esa edad tendría mi hijo mayor si viviera. Que viviría caliente y macho como era, si los hombres no hubieran inventado las navajas.

PADRE —En eso no hay que pensar.

MADRE —Cada minuto. Métete la mano en el pecho.

PADRE —Entonces el jueves. ¿No es así?

NOVIO —Así es.

PADRE —Los novios y nosotros iremos en coche hasta la iglesia, que está muy lejos, y el acompañamiento en los carros y en las caballerías que traigan.

MADRE —Conformes.
(Pasa la Criada).

PADRE —Dile que ya puede entrar. *(A la Madre).* Celebraré mucho que te guste.
(Aparece la Novia. Trae las manos caídas en actitud modesta y la cabeza baja).

MADRE —Acércate. ¿Estas contenta?

NOVIA —Sí, señora.

PADRE —No debes estar seria. Al fin y al cabo ella va a ser tu madre.

NOVIA —Estoy contenta. Cuando he dado el sí es porque quiero darlo.

MADRE —Naturalmente. *(Le coge la barbilla).* Mírame.

PADRE —Se parece en todo a mi mujer.

MADRE —¿Sí? ¡Qué hermoso mirar! ¿Tú sabes lo que es casarse, criatura?

NOVIA *(seria).* —Lo sé.

MADRE —Un hombre, unos hijos y una pared de dos varas de ancho para todo lo demás.

NOVIO —¿Es que hace falta otra cosa?

MADRE —No. Que vivan todos, ¡eso! ¡Que vivan!

NOVIA —Yo sabré cumplir.

MADRE —Aquí tienes unos regalos.

NOVIA —Gracias.

PADRE —¿No tomamos algo?

MADRE —Yo no quiero. *(Al Novio).* ¿Y tú?

NOVIO —Tomaré. *(Toma un dulce. La Novia toma otro).*

PADRE *(al Novio).* —¿Vino?

MADRE —No lo prueba.

PADRE —¡Mejor! *(Pausa. Todos están en pie).*

NOVIO *(a la Novia).* —Mañana vendré.

NOVIA —¿A qué hora?

NOVIO —A las cinco.

NOVIA —Yo te espero.

NOVIO —Cuando me voy de tu lado siento un despego grande y así como un nudo en la garganta.

NOVIA —Cuando seas mi marido ya no lo tendrás.

NOVIO —Eso digo yo.

MADRE —Vamos. El sol no espera. *(Al Padre)*. ¿Conformes en todo?

PADRE —Conformes.

MADRE *(a la Criada)*. —Adiós mujer.

CRIADA —Vayan ustedes con Dios. *(La Madre besa a la Novia y van saliendo en silencio)*.

MADRE *(en la puerta)*. —Adiós, hija. *(La Novia contesta con la mano)*.

PADRE —Yo salgo con vosotros. *(Salen)*.

CRIADA —Que reviento por ver los regalos.

NOVIA *(agria)*. —Quita.

CRIADA —¡Ay, niña, enséñamelos!

NOVIA —No quiero.

CRIADA —Siquiera las medias. Dicen que son todas caladas. ¡Mujer!

NOVIA —¡Ea, que no!

CRIADA —¡Por Dios! Está bien. Parece como si no tuvieras ganas de casarte.

NOVIA (*mordiéndose la mano con rabia*). — ¡Ay!

CRIADA — Niña, hija, ¿qué te pasa? ¿Sientes dejar tu vida de reina? No pienses en cosas agrias. ¿Tienes motivos? Ninguno. Vamos a ver los regalos. (*Coge la caja*).

NOVIA (*cogiéndola de las muñecas*). — Suelta.

CRIADA — ¡Ay, mujer!

NOVIA — Suelta, he dicho.

CRIADA — Tienes más fuerza que un hombre.

NOVIA — ¿No he hecho yo trabajos de hombre? ¡Ojalá fuera!

CRIADA — ¡No hables así!

NOVIA — Calla he dicho. Hablemos de otro asunto.
(*La luz va desapareciendo de la escena. Pausa larga*).

CRIADA — ¿Sentiste anoche un caballo?

NOVIA — ¿A qué hora?

CRIADA — A las tres.

NOVIA — Sería un caballo suelto de la manada.

CRIADA — No. Llevaba jinete.

NOVIA — ¿Por qué lo sabes?

CRIADA — Porque lo vi. Estuvo parado en tu ventana. Me chocó mucho.

NOVIA — ¿No sería mi novio? Algunas veces ha pasado a esas horas.

CRIADA —No.

NOVIA —¿Tú le viste?

CRIADA —Sí.

NOVIA —¿Quién era?

CRIADA —Era Leonardo.

NOVIA (*fuerte*). —¡Mentira! ¡Mentira! ¿A qué viene aquí?

CRIADA —Vino.

NOVIA —¡Cállate! ¡Maldita sea tu lengua! *(Se siente el ruido de un caballo).*

CRIADA *(en la ventana).* —Mira, asómate. ¿Era?

NOVIA —¡Era!

TELON RAPIDO

(fin del acto primero)

ACTO SEGUNDO

CUADRO PRIMERO

Zaguán de casa de la Novia. Portón al fondo. Es de noche. La Novia sale con enaguas blancas encañonadas llenas de encajes y puntas bordadas y un corpiño blanco con los brazos al aire. La Criada lo mismo.

CRIADA — Aquí te acabaré de peinar.

NOVIA — No se puede estar ahí dentro del calor.

CRIADA — En estas tierras no refresca ni al amanecer.

(Se sienta la Novia en una silla baja y se mira en un espejito de mano. La Criada la peina).

NOVIA — Mi madre era de un sitio donde había muchos árboles. De tierra rica.

CRIADA — ¡Así era ella de alegre!

NOVIA — Pero se consumió aquí.

CRIADA — El sino.

NOVIA — Como nos consumimos todas. Echan fuego las paredes. ¡Ay! No tires demasiado.

CRIADA — Es para arreglarte mejor esta onda. Quiero que te caiga sobre la frente. *(La Novia se mira en el espejo).* ¡Qué hermosa estás! ¡Ay! *(La besa apasionadamente).*

NOVIA *(seria).* — Sigue peinándome.

CRIADA *(peinándola).* — ¡Dichosa tú que vas a abrazar a un hombre, que lo vas a besar, que vas a sentir su peso!

NOVIA — Calla.

CRIADA — Y lo mejor es cuando te despiertes y lo sientas al lado y que él te roza los hombros con su aliento, como una plumilla de ruiseñor.

NOVIA *(fuerte).* — ¿Te quieres callar?

CRIADA — ¡Pero niña! ¿Una boda qué es? Una boda es esto y nada más. ¿Son los dulces? ¿Son los ramos de flores? No. Es una cama relumbrante y un hombre y una mujer.

NOVIA — No se debe decir.

CRIADA — Eso es otra cosa. ¡Pero es bien alegre!

NOVIA — O bien amargo.

CRIADA — El azahar te lo voy a poner desde aquí hasta aquí, de modo que la corona luzca sobre el peinado. *(Le prueba el ramo de azahar).*

NOVIA (*se mira en el espejo*). —Trae. (*Coge el azahar, lo mira y deja caer la cabeza, abatida*).

CRIADA —¿Qué es esto?

NOVIA —Déjame.

CRIADA —No son horas de ponerte triste. (*Animosa*). Trae el azahar. (*La Novia tira el azahar*). ¡Niña! ¿Qué castigo pides tirando al suelo la corona? ¡Levanta esa frente! ¿Es que no te quieres casar? Dilo. Todavía te puedes arrepentir. (*Se levanta*).

NOVIA —Son nublos. Un mal aire en el centro ¿quién no lo tiene?

CRIADA —¿Tú quieres a tu novio?

NOVIA —Lo quiero.

CRIADA —Sí, sí, estoy segura.

NOVIA —Pero éste es un paso muy grande.

CRIADA —Hay que darlo.

NOVIA —Ya me he comprometido.

CRIADA —Te voy a poner la corona.

NOVIA (*se sienta*). —Date prisa, que ya deben ir llegando.

CRIADA —Ya llevarán lo menos dos horas de camino.

NOVIA —¿Cuánto hay de aquí a la iglesia?

CRIADA —Cinco leguas por el arroyo, que por el camino hay el doble.

(La Novia se levanta y la Criada se entusiasma al verla).

Despierte la novia
la mañana de la boda.
¡Que los ríos del mundo
lleven tu corona!

NOVIA *(sonriente).* —Vamos.

CRIADA *(la besa entusiasmada y baila alrededor).*

Que despierte
con el ramo verde
del laurel florido.
¡Que despierte
por el tronco y la rama
de los laureles!

(Se oyen unos aldabonazos).

NOVIA —¡Abre! Deben ser los primeros convidados. *(Entra. La Criada abre sorprendida).*

CRIADA —¿Tú?

LEONARDO —Yo. Buenos días.

CRIADA —¡El primero!

LEONARDO —¿No me han convidado?

CRIADA —Sí.

LEONARDO —Por eso vengo.

CRIADA —¿Y tu mujer?

LEONARDO —Yo vine a caballo. Ella se acerca por el camino.

CRIADA —¿No te has encontrado a nadie?

LEONARDO —Los pasé con el caballo.

CRIADA —Vas a matar al animal con tanta carrera.

LEONARDO —¡Cuando se muera, muerto está! *(Pausa).*

CRIADA —Siéntate. Todavía no se ha levantado nadie.

LEONARDO —¿Y la novia?

CRIADA —Ahora mismo la voy a vestir.

LEONARDO —¡La novia! ¡Estará contenta!

CRIADA *(variando la conversación).* —¿Y el niño?

LEONARDO —¿Cuál?

CRIADA —Tu hijo.

LEONARDO *(recordando como soñoliento).* —¡Ah!

CRIADA —¿Lo traen?

LEONARDO —No. *(Pausa. Voces cantando muy lejos).*

VOCES ¡Despierte la novia
la mañana de la boda!

LEONARDO Despierte la novia
la mañana de la boda.

CRIADA —Es la gente. Vienen lejos todavía.

LEONARDO *(levantándose).* —¿La novia llevará una corona grande, no? No debía ser tan grande. Un poco más pequeña le sentaría mejor. ¿Y trajo ya el novio el azahar que se tiene que poner en el pecho?

NOVIA *(apareciendo todavía en enaguas y con la corona de azahar puesta).* —Lo trajo.

CRIADA *(fuerte).* —No salgas así.

NOVIA —¿Qué más da? *(Seria).* ¿Por qué preguntas si trajeron el azahar? ¿Llevas intención?

LEONARDO —Ninguna. ¿Qué intención iba a tener? *(Acercándose).* Tú que me conoces, sabes que no la llevo. Dímelo. ¿Quién he sido yo para ti? Abre y refresca tu recuerdo. Pero dos bueyes y una mala choza son casi nada. Esa es la espina.

NOVIA —¿A qué vienes?

LEONARDO —A ver tu casamiento.

NOVIA —¡También yo vi el tuyo!

LEONARDO —Amarrado por ti, hecho con tus dos manos. A mí me pueden matar, pero no me pueden escupir. Y la plata, que brilla tanto, escupe algunas veces.

NOVIA —¡Mentira!

LEONARDO —No quiero hablar, porque soy hombre de sangre y no quiero que todos estos cerros oigan mis voces.

NOVIA —Las mías serían más fuertes.

CRIADA —Estas palabras no pueden seguir. Tú no tienes que hablar de lo pasado.

(La Criada mira a las puertas presa de inquietud).

NOVIA —Tiene razón. Yo no debo hablarte siquiera. Pero se me calienta el alma de que vengas a verme y atisbar mi boda y preguntes con intención por el azahar. Vete y espera a tu mujer en la puerta.

LEONARDO —¿Es que tú y yo no podemos hablar?

CRIADA *(con rabia).* —No; no podéis hablar.

LEONARDO —Después de mi casamiento he pensado noche y día de quién era la culpa, y cada vez que pienso sale una culpa nueva que se come a la otra; ¡pero siempre hay culpa!

NOVIA —Un hombre con su caballo sabe mucho y puede mucho para poder estrujar a una muchacha metida en un desierto. Pero yo tengo orgullo. Por eso me caso. Y me encerraré con mi marido, a quien tengo que querer por encima de todo.

LEONARDO —El orgullo no te servirá de nada. *(Se acerca).*

NOVIA —¡No te acerques!

LEONARDO —Callar y quemarse es el castigo más grande que nos podemos echar encima. ¿De qué me sirvió a mí el orgullo y el no mirarte y dejarte despierta noches y noches? ¡De nada! ¡Sirvió para echarme fuego encima! Porque tú crees que el tiempo cura y que las paredes tapan, y no es verdad, no es verdad. ¡Cuando las cosas llegan a los centros no hay quién las arranque!

NOVIA (*temblando*). —No puedo oírte. No puedo oír tu voz. Es como si me bebiera una botella de anís y me durmiera en una colcha de rosas. Y me arrastra, y sé que me ahogo, pero voy detrás.

CRIADA (*cogiendo a Leonardo por las solapas*). —¡Debes irte ahora mismo!

LEONARDO —Es la última vez que voy a hablar con ella. No temas nada.

NOVIA —Y sé que estoy loca y sé que tengo el pecho podrido de aguantar, y aquí estoy quieta por oírlo, por verlo menear los brazos.

LEONARDO —No me quedo tranquilo si no te digo estas cosas. Yo me casé. Cásate tú ahora.

CRIADA (*a Leonardo*). —¡Y se casa!

VOCES (*cantando más cerca*).
Despierte la novia
la mañana de la boda.

NOVIA ¡Despierte la novia!
(*Sale corriendo a su cuarto*).

CRIADA —Ya está aquí la gente. (*A Leonardo*). No te vuelvas a acercar a ella.

LEONARDO —Descuida. (*Sale por la izquierda. Empieza a clarear el día*).

MUCHACHA 1ª (*entrando*).

Despierte la novia
la mañana de la boda;
ruede la ronda
y en cada balcón una corona.

VOCES ¡Despierte la novia!

CRIADA *(moviendo algazara).*

Que despierte
con el ramo verde
del amor florido.
¡Que despierte
por el tronco y la rama
de los laureles!

MUCHACHA 2ª *(entrando).*

Que despierte
con el largo pelo,
camisa de nieve,
botas de charol y plata
y jazmines en la frente.

CRIADA ¡Ay, pastora,
que la luna asoma!

MUCHACHA 1ª ¡Ay, galán,
deja tu sombrero por el olivar!

MOZO 1º *(entrando con el sombrero en alto).*

Despierte la novia,
que por los campos viene
rodando la boda,
con bandejas de dalias
y panes de gloria.

VOCES ¡Despierte la novia!

MUCHACHA 2ª La novia
se ha puesto su blanca corona,
y el novio
se la prende con lazos de oro.

CRIADA Por el toronjil
la novia no puede dormir.

MUCHACHA 3ª (*entrando*).

Por el naranjel
el novio le ofrece cuchara y mantel.

(*Entran tres Convidados*).

MOZO 1º ¡Despierta, paloma!
El alba despeja
campanas de sombra.

CONVIDADO La novia, la blanca novia,
hoy doncella,
mañana señora.

MUCHACHA 1ª Baja, morena,
arrastrando tu cola de seda.

CONVIDADO Baja, morenita,
que llueve rocío la mañana fría.

MOZO 1º Despertad, señora, despertad,
porque viene el aire lloviendo azahar.

CRIADA Un árbol quiero bordarle
lleno de cintas granates
y en cada cinta un amor
con vivas alrededor.

VOCES Despierte la novia.

MOZO 1º ¡La mañana de la boda!

CONVIDADO La mañana de la boda
qué galana vas a estar;
pareces, flor de los montes,
la mujer de un capitán.

PADRE (*entrando*).

La mujer de un capitán
se lleva el novio.

¡Ya viene con sus bueyes
por el tesoro!

MUCHACHA 3ª El novio
parece la flor del oro;
cuando camina,
a sus plantas se agrupan las
clavelinas.

CRIADA Ay, mi niña dichosa!

MOZO 2º Que despierte la novia.

CRIADA ¡Ay, mi galana!

MUCHACHA 1ª La boda está llamando
por las ventanas.

MUCHACHA 2ª Que salga la novia.

MUCHACHA 1ª ¡Que salga, que salga!

CRIADA ¡Que toquen y repiquen
las campanas!

MOZO 1º ¡Que viene aquí! ¡Que sale ya!

CRIADA ¡Como un toro, la boda
levantándose está!

(Aparece la Novia. Lleva un traje negro mil novecientos, con caderas y larga cola rodeada de gasas plisadas y encajes duros. Sobre el peinado de visera lleva la corona de azahar. Suenan las guitarras. Las Muchachas besan a la Novia).

MUCHACHA 3ª —¿Qué esencia te echaste en el pelo?

NOVIA *(riendo).* —Ninguna.

MUCHACHA 2ª *(mirando el traje).* —La tela es de lo que no hay.

MOZO 1º — ¡Aquí está el novio!

NOVIO — ¡Salud!

MUCHACHA 1ª (*poniéndose una flor en la oreja*).

El novio
parece la flor del oro.

MUCHACHA 2ª ¡Aires de sosiego
le manan los ojos!

(El Novio se dirige al lado de la Novia).

NOVIA — ¿Por qué te pusiste esos zapatos?

NOVIO — Son más alegres que los negros.

Mujer de Leonardo (entrando y besando a la Novia). — ¡Salud! *(Hablan todas con algazara).*

LEONARDO *(entrando como quien cumple un deber).*

La mañana de casada
la corona te ponemos.

MUJER ¡Para que el campo se alegre
con el agua de tu pelo!

MADRE *(al Padre).* — ¿También están ésos aquí?

PADRE — Son familia. ¡Hoy es día de perdones!

MADRE — Me aguanto, pero no perdono.

NOVIO — ¡Con la corona da alegría mirarte!

NOVIA — ¡Vámonos pronto a la iglesia!

NOVIO — ¿Tienes prisa?

NOVIA — Sí. Estoy deseando ser tu mujer y quedarme sola contigo, y no oír más voz que la tuya.

NOVIO — ¡Eso quiero yo!

NOVIA — Y no ver más que tus ojos. Y que me abrazaras tan fuerte, que aunque me llamara mi madre, que está muerta, no me pudiera despegar de ti.

NOVIO — Yo tengo fuerza en los brazos. Te voy a abrazar cuarenta años seguidos.

NOVIA *(dramática, cogiéndolo del brazo).* — ¡Siempre!

PADRE — ¡Vamos pronto! ¡A coger las caballerías y los carros! Que ya ha salido el sol.

MADRE — Que llevéis cuidado! No sea que tengamos mala hora.

(Se abre el gran portón del fondo. Empiezan a salir).

CRIADA *(llorando).*

Al salir de tu casa,
blanca doncella,
acuérdate que sales
como una estrella...

MUCHACHA 1ª

Limpia de cuerpo y ropa
al salir de tu casa para la boda.

(Van saliendo).

MUCHACHA 2ª

¡Ya sales de tu casa
para la iglesia!

CRIADA ¡El aire pone flores
por las arenas!

MUCHACHA 3ª ¡Ay la blanca niña!

CRIADA Aire oscuro el encaje
de su mantilla.

(Salen. Se oyen guitarras, palillos y panderetas. Quedan solos Leonardo y su Mujer).

MUJER —Vamos.

LEONARDO —¿Adónde?

MUJER —A la iglesia. Pero no vas en el caballo. Vienes conmigo.

LEONARDO —¿En el carro?

MUJER —¿Hay otra cosa?

LEONARDO —Yo no soy hombre para ir en carro.

MUJER —Y yo no soy mujer para ir sin su marido en un casamiento. ¡Que no puedo más!

LEONARDO —¡Ni yo tampoco!

MUJER —¿Por qué me miras así? Tienes una espina en cada ojo.

LEONARDO —¡Vamos!

MUJER —No sé lo que pasa. Pero pienso y no quiero pensar. Una cosa sé. Yo ya estoy despachada. Pero tengo un hijo. Y otro que viene. Vamos andando. El mismo sino tuvo mi madre. Pero de aquí no me muevo. *(Voces fuera).*

VOCES (¡Al salir de tu casa
para la iglesia,
acuérdate que sales
como una estrella!)

MUJER *(llorando).*

¡Acuérdate que sales
como una estrella!

Así salí yo de mi casa también. Que me cabía todo el campo en la boca.

LEONARDO *(levantándose).* —Vamos.

MUJER —¡Pero conmigo!

LEONARDO —Sí. *(Pausa).* ¡Echa a andar! *(Salen).*

VOCES Al salir de tu casa
para la iglesia,
acuérdate que sales
como una estrella.

TELON LENTO

CUADRO SEGUNDO

Exterior de la cueva de la Novia. Entonación en blancos, grises y azules fríos. Grandes chumberas. Tonos sombríos y plateados. Panoramas de mesetas color barquillo, todo endurecido como paisaje de cerámica popular.

CRIADA *(arreglando en una mesa copas y bandejas).—*

Giraba,
giraba la rueda
y el agua pasaba;
porque llega la boda
que se aparten las ramas
y la luna se adorne
por su blanca baranda.

(En voz alta). — ¡Pon los manteles!

(En voz patética).—
Cantaban,
cantaban los novios
y el agua pasaba.

Porque llega la boda
que relumbre la escarcha
y se llenen de miel
las almendras amargas.

(En voz alta). — ¡Prepara el vino!
(En voz poética).—

Galana de la tierra,
mira cómo el agua pasa.
Porque llega tu boda
recógete las faldas
y bajo el ala del novio
nunca salgas de tu casa.

Porque el novio es un palomo
con todo el pecho de brasa
y espera el campo el rumor
de la sangre derramada.
Giraba,
giraba la rueda
y el agua pasaba.
¡Porque llega tu boda,
deja que relumbre el agua!

MADRE (*entrando*). —¡Por fin!

PADRE —¿Somos los primeros?

CRIADA —No. Hace rato llegó Leonardo con su mujer. Corrieron como demonios. La mujer llegó muerta de miedo. Hicieron el camino como si hubieran venido a caballo.

PADRE —Ese busca la desgracia. No tiene buena sangre.

MADRE —¿Qué sangre va a tener? La de toda su familia. Mana de su bisabuelo, que empezó matando, y sigue en toda la mala ralea, manejadores de cuchillos y gente de falsa sonrisa.

PADRE —¡Vamos a dejarlo!

CRIADA —¿Cómo lo va a dejar?

MADRE —Me duele hasta la punta de las venas. En la frente de todos ellos yo no veo más que la mano con que mataron a lo que era mío. ¿Tú me ves a mí? ¿No te parezco loca? Pues es loca de no haber gritado todo lo que mi pecho necesita. Tengo en mi pecho un grito siempre puesto de pie a quien tengo que castigar y meter entre los mantos. Pero se llevan a los muertos y hay que callar. Luego la gente critica. *(Se quita el manto).*

PADRE —Hoy no es día de que te acuerdes de esas cosas.

MADRE —Cuando sale la conversación, tengo que hablar. Y hoy más. Porque hoy me quedo sola en mi casa.

PADRE —En espera de estar acompañada.

MADRE —Esa es mi ilusión: los nietos. *(Se sientan)*.

PADRE —Yo quiero que tengan muchos. Esta tierra necesita brazos que no sean pagados. Hay que sostener una batalla con las malas hierbas, con los cardos, con los pedruscos que salen no se sabe dónde. Y estos brazos tienen que ser de los dueños, que castiguen y que dominen, que hagan brotar las simientes. Se necesitan muchos hijos.

MADRE —¡Y alguna hija! ¡Los varones son del viento! Tienen por fuerza que manejar armas. Las niñas no salen jamás a la calle.

PADRE *(alegre)*. —Yo creo que tendrán de todo.

MADRE —Mi hijo la cubrirá bien. Es de buena simiente. Su padre pudo haber tenido conmigo muchos hijos.

PADRE —Lo que yo quisiera es que esto fuera cosa de un día. Que en seguida tuvieran dos o tres hombres.

MADRE —Pero no es así. Se tarda mucho. Por eso es tan terrible ver la sangre de una derramada por el suelo. Una fuente que corre un minuto y a nosotros nos ha costado años. Cuando yo llegué a ver a mi hijo, estaba tumbado en mitad de la calle. Me mojé las manos de sangre y me las lamí con la lengua. Porque era mía. Tú no sabes lo que es eso. En una custodia de cristal y topacios pondría yo la tierra empapada por ella.

PADRE — Ahora tienes que esperar. Mi hija es ancha y tu hijo es fuerte.

MADRE — Así espero. (*Se levantan*).

PADRE — Prepara las bandejas de trigo.

CRIADA — Están preparadas.

MUJER DE LEONARDO (*entrando*). — ¡Que sea para bien!

MADRE — Gracias.

LEONARDO — ¿Va a haber fiesta?

PADRE — Poca. La gente no puede entretenerse.

CRIADA — ¡Ya están aquí!

(Van entrando invitados, en alegres grupos. Entran los novios cogidos del brazo. Sale Leonardo).

NOVIO — En ninguna boda se vio tanta gente.

NOVIA (*sombría*). — En ninguna.

PADRE — Fue lucida.

MADRE — Ramas enteras de familias han venido.

NOVIO — Gente que no salía de su casa.

MADRE — Tu padre sembró mucho y ahora lo recoges tú.

NOVIO —Hubo primos míos que yo ya no conocía.

MADRE —Toda la gente de la costa.

NOVIO *(alegre).* —Se espantaban de los caballos. *(Hablan).*

MADRE *(a la Novia).* —¿Qué piensas?

NOVIA —No pienso en nada.

MADRE —Las bendiciones pesan mucho. *(Se oyen guitarras).*

NOVIA —Como plomo.

MADRE *(fuerte).* —Pero no han de pesar. Ligera como paloma debes ser.

NOVIA —¿Se queda usted aquí esta noche?

MADRE —No. Mi casa está sola.

NOVIA —¡Debía usted quedarse!

PADRE *(a la Madre).* —Mira el baile que tienen formado. Bailes de allá de la orilla del mar.
(Sale Leonardo y se sienta. Su Mujer detrás de él, en actitud rígida).

MADRE —Son los primos de mi marido. Duros como piedras para la danza.

PADRE —Me alegra verlos. ¡Qué cambio para esta casa! *(Se va).*

NOVIO *(a la Novia).* —¿Te gustó el azahar?

NOVIA *(mirándole fija).* —Sí.

NOVIO —Es todo de cera. Dura siempre. Me hubiera gustado que llevaras en todo el vestido.

NOVIA — No hace falta. *(Mutis Leonardo por la derecha).*

MUCHACHA 1ª — Vamos a quitarte los alfileres.

NOVIA *(al Novio).* — Ahora vuelvo.

MUJER — ¡Que seas feliz con mi prima!

NOVIO — Tengo seguridad.

MUJER — Aquí los dos; sin salir nunca y a levantar la casa. ¡Ojalá yo viviera también así de lejos!

NOVIO — ¿Por qué no compráis tierras? El monte es barato y los hijos se crían mejor.

MUJER — No tenemos dinero. ¡Y con el camino que llevamos!

NOVIO — Tu marido es un buen trabajador.

MUJER — Sí, pero le gusta volar demasiado. Ir de una cosa a otra. No es hombre tranquilo.

CRIADA — ¿No tomáis nada? Te voy a envolver unos roscos de vino para tu madre, que a ella le gustan mucho.

NOVIO — Ponle tres docenas.

MUJER — No, no. Con media tiene bastante.

NOVIO — Un día es un día.

MUJER *(a la Criada).* — ¿Y Leonardo?

CRIADA — No lo vi.

NOVIO — Debe estar con la gente.

MUJER — ¡Voy a ver! *(Se va).*

CRIADA — Aquello está hermoso.

NOVIO — ¿Y tú no bailas?

CRIADA — No hay quien me saque.

(Pasan al fondo dos Muchachas; durante todo este acto el fondo será un animado cruce de figuras).

NOVIO *(alegre).* — Eso se llama no entender. Las viejas frescas como tú bailan mejor que las jóvenes.

CRIADA — Pero ¿vas a echarme requiebros, niño? ¡Qué familia la tuya! ¡Machos entre los machos! Siendo niña vi la boda de tu abuelo. ¡Qué figura! Parecía como si se casara un monte.

NOVIO — Yo tengo menos estatura.

CRIADA — Pero el mismo brillo en los ojos. ¿Y la niña?

NOVIO — Quitándose la toca.

CRIADA — ¡Ah! Mira. Para la medianoche, como no dormiréis, os he preparado jamón, y unas copas grandes de vino antiguo. En la parte baja de la alacena. Por si lo necesitáis.

NOVIO *(sonriente).* — No como a medianoche.

CRIADA *(con malicia).* — Si tú no, la novia. *(Se va).*

MOZO 1º *(entrando).* — ¡Tienes que beber con nosotros!

NOVIO — Estoy esperando a la novia.

MOZO 2º — ¡Ya la tendrás en la madrugada!

MOZO 1º — ¡Que es cuando más gusta!

MOZO 2º — Un momento.

NOVIO — Vamos.

(Salen. Se oye gran algazara. Sale la Novia. Por el lado opuesto salen dos Muchachas corriendo a encontrarla).

MUCHACHA 1ª — ¿A quién diste el primer alfiler, a mí o a ésta?

NOVIA — No me acuerdo.

MUCHACHA 1ª — A mí me lo diste aquí.

MUCHACHA 2ª — A mí delante del altar.

NOVIA *(inquieta y con una gran lucha interior)* — No sé nada.

MUCHACHA 1ª — Es que yo quisiera que tú...

NOVIA *(interrumpiendo).* — Ni me importa. Tengo mucho que pensar.

MUCHACHA 2ª — Perdona. *(Leonardo cruza al fondo).*

NOVIA *(ve a Leonardo).* — Y estos momentos son agitados.

MUCHACHA 1ª — ¡Nosotras no sabemos nada!

NOVIA — Ya lo sabréis cuando os llegue la hora. Estos pasos son pasos que cuestan mucho.

MUCHACHA 1ª — ¿Te has disgustado?

NOVIA — No. Perdonad vosotras.

MUCHACHA 2ª — ¿De qué? Pero los dos alfileres sirven para casarse, ¿verdad?

NOVIA — Los dos.

MUCHACHA 1ª — Ahora, que una se casa antes que otra.

NOVIA — ¿Tantas ganas tenéis?

MUCHACHA 2ª *(vergonzosa).* — Sí.

NOVIA — ¿Para qué?

MUCHACHA 1ª — Pues... *(Abrazando a la segunda).*

(Echan a correr las dos. Llega el Novio y muy despacio abraza a la Novia por detrás).

NOVIA *(con gran sobresalto).* — ¡Quita!

NOVIO — ¿Te asustas de mí?

NOVIA — ¡Ay! ¿Eras tú?

NOVIO — ¿Quién iba a ser? *(Pausa).* Tu padre o yo.

NOVIA — ¡Es verdad!

NOVIO — Ahora que tu padre te hubiera abrazado más blando.

NOVIA *(sombría).* — ¡Claro!

NOVIO *(la abraza fuertemente de modo un poco brusco).* — Porque es viejo.

NOVIA *(seca).* — ¡Déjame!

NOVIO — ¿Por qué? *(La deja).*

NOVIA — Pues... la gente. Pueden vernos. *(Vuelve a cruzar al fondo la Criada, que no mira a los novios).*

NOVIO —¿Y qué? Ya es sagrado.

NOVIA —Sí, pero déjame... Luego.

NOVIO —¿Qué tienes? ¡Estás como asustada!

NOVIA —No tengo nada. No te vayas. *(Sale la mujer de Leonardo).*

MUJER —No quiero interrumpir...

NOVIO —Dime.

MUJER —¿Pasó por aquí mi marido?

NOVIO —No.

MUJER —Es que no lo encuentro, y el caballo no está tampoco en el establo.

NOVIO *(alegre).* —Debe estar dándole una carrera. *(Se va la Mujer inquieta. Sale la Criada).*

CRIADA —¿No andáis satisfechos de tanto saludo?

NOVIO —Ya estoy deseando que esto acabe. La novia está un poco cansada.

CRIADA —¿Qué es eso, niña?

NOVIA —¡Tengo como un golpe en las sienes!

CRIADA —Una novia de estos montes debe ser fuerte. *(Al Novio)*: Tú eres el único que la puedes curar, porque tuya es. *(Sale corriendo).*

NOVIO *(abrazándola).* —Vamos un rato al baile. *(La besa).*

NOVIA *(angustiada).* —No. Quiero echarme en la cama un poco.

NOVIO —Yo te haré compañía.

NOVIA —¡Nunca! ¿Con toda la gente aquí? ¿Qué dirían? Déjame sosegar un momento.

NOVIO —¡Lo que quieras! ¡Pero no estés así por la noche!

NOVIA *(en la puerta).* —A la noche estaré mejor.

NOVIO —¡Que es lo que yo quiero! *(Aparece la Madre).*

MADRÉ —Hijo.

NOVIO —¿Dónde anda usted?

MADRE —En todo ese ruido. ¿Estás contento?

NOVIO —Sí.

MADRE —¿Y tu mujer?

NOVIO —Descansa un poco. ¡Mal día para las novias!

MADRE —¿Mal día? El único bueno. Para mí fue como una herencia. *(Entra la Criada y se dirige al cuarto de la Novia).* Es la roturación de las tierras, la plantación de árboles nuevos.

NOVIO —¿Usted se va a ir?

MADRE —Sí. Yo tengo que estar en mi casa.

NOVIO —Sola.

MADRE —Sola no. Que tengo la cabeza llena de cosas y de hombres y luchas.

NOVIO — Pero luchas que ya no son luchas.

(Sale la Criada rápidamente; desaparece corriendo por el fondo).

MADRE — Mientras una vive, lucha.

NOVIO — ¡Siempre la obedezco!

MADRE — Con tu mujer procura estar cariñoso, y si la notaras infatuada o arisca, hazle una caricia que le produzca un poco de daño, un abrazo fuerte, un mordisco y luego un beso suave. Que ella no pueda disgustarse, pero que sienta que tú eres el macho, el amo, el que manda. Así aprendí de tu padre. Y como no lo tienes, tengo que ser yo la que te enseñe estas fortalezas.

NOVIO — Yo siempre haré lo que usted mande.

PADRE *(entrando).* — ¿Y mi hija?

NOVIO — Está dentro.

MUCHACHA 1ª — ¡Vengan los novios, que vamos a bailar la rueda!

MOZO 1º *(al Novio).* — Tú la vas a dirigir.

PADRE *(saliendo).* —¡Aquí no está!

NOVIO — ¿No?

PADRE — Debe haber salido a la baranda.

NOVIO — ¡Voy a ver! *(Entra).*

(Se oye algazara y guitarras).

MUCHACHA 1ª — ¡Ya han empezado! *(Sale).*

NOVIO (*saliendo*). —No está.

MADRE (*inquieta*). —¿No?

PADRE —¿Y dónde pudo haber ido?

CRIADA (*entrando*). —¿Y la niña, dónde está?

MADRE (*seria*). —No lo sabemos.
(*Sale el Novio. Entran tres invitados*).

PADRE (*dramático*). —Pero ¿no está en el baile?

CRIADA —En el baile no está.

PADRE (*con arranque*). —Hay mucha gente. ¡Mirad!

CRIADA —¡Ya he mirado!

PADRE (*trágico*). —¿Pues dónde está?

NOVIO (*entrando*). —Nada. En ningún sitio.

MADRE (*al Padre*). —¿Qué es esto? ¿Dónde está tu hija?
(*Entra la mujer de Leonardo*).

MUJER —¡Han huido! ¡Han huido! Ella y Leonardo. En el caballo. ¡Iban abrazados, como una exhalación!

PADRE —¡No es verdad! ¡Mi hija, no!

MADRE —¡Tu hija, sí! Planta de mala madre, y él, también él. ¡Pero ya es la mujer de mi hijo!

NOVIO (*entrando*). —¡Vamos detrás! ¿Quién tiene un caballo?

MADRE —¿Quien tiene un caballo ahora mismo, quién tiene un caballo? Que le daré todo lo que tengo, mis ojos y hasta mi lengua...

VOZ — Aquí hay uno.

MADRE *(al hijo)*. — ¡Anda! ¡Detrás! *(Sale con dos mozos)*. No. No vayas. Esa gente mata pronto y bien. . . ; ¡pero sí, corre, y yo detrás!

PADRE — No será ella. Quizá se haya tirado al aljibe.

MADRE — Al agua se tiran las honradas, las limpias; ¡ésa no! Pero ya es mujer de mi hijo. Dos bandos. Aquí hay dos bandos. *(Entran todos)*. Mi familia y la tuya. Salid todos de aquí. Limpiarse el polvo de los zapatos. Vamos a ayudar a mi hijo. *(La gente se separa en dos grupos)*. Porque tiene gente; que son sus primos del mar y todos los que llegan de tierra adentro. ¡Fuera de aquí! Por todos los caminos. Ha llegado otra vez la hora de la sangre. Dos bandos. Tú con el tuyo y yo con el mío. ¡Atrás! ¡Atrás!

TELON

(fin del acto segundo)

ACTO TERCERO

CUADRO PRIMERO

Bosque. Es de noche. Grandes troncos húmedos. Ambiente oscuro. Se oyen dos violines.

(Salen tres Leñadores).

LEÑADOR 1º — ¿Y los han encontrado?

LEÑADOR 2º — No. Pero los buscan por todas partes

LEÑADOR 3º — Ya darán con ellos.

LEÑADOR 2º — ¡Chisss!

LEÑADOR 3º — ¿Qué?

LEÑADOR 2º — Parece que se acercan por todos los caminos a la vez.

LEÑADOR 1º — Cuando salga la luna los verán.

LEÑADOR 2º — Debían dejarlos.

LEÑADOR 1º — El mundo es grande. Todos pueden vivir en él.

LEÑADOR 3º — Pero los matarán.

LEÑADOR 2º — Hay que seguir la inclinación; han hecho bien en huir.

LEÑADOR 1º — Se estaban engañando uno a otro y al final la sangre pudo más.

LEÑADOR 3º — ¡La sangre!

LEÑADOR 1º — Hay que seguir el camino de la sangre.

LEÑADOR 2º — Pero sangre que ve la luz se la bebe la tierra.

LEÑADOR 1º — ¿Y qué? Vale más ser muerto desangrado que vivo con ella podrida.

LEÑADOR 3º — Callar.

LEÑADOR 1º — ¿Qué? ¿Oyes algo?

LEÑADOR 3º — Oigo los grillos, las ranas, el acecho de la noche.

LEÑADOR 1º — Pero el caballo no se siente.

LEÑADOR 3º — No.

LEÑADOR 1º — Ahora la estará queriendo.

LEÑADOR 2º — El cuerpo de ella era para él y el cuerpo de él para ella.

LEÑADOR 3º — Los buscan y los matarán.

LEÑADOR 1º — Pero ya habrán mezclado sus sangres y serán como dos cántaros vacíos, como dos arroyos secos.

LEÑADOR 2º — Hay muchas nubes y será fácil que la luna no salga.

LEÑADOR 3º — El novio los encontrará con luna o sin luna. Yo lo vi salir. Como una estrella furiosa. La cara color ceniza. Expresaba el sino de su casta.

LEÑADOR 1º — Su casta de muertos en mitad de la calle.

LEÑADOR 2º — ¡Eso es!

LEÑADOR 3º — ¿Crees que ellos lograrán romper el cerco?

LEÑADOR 2º — Es difícil. Hay cuchillos y escopetas a diez leguas a la redonda.

LEÑADOR 3º — El lleva un buen caballo.

LEÑADOR 2º — Pero lleva una mujer.

LEÑADOR 1º — Ya estamos cerca.

LEÑADOR 2º — Un árbol de cuarenta ramas. Lo cortaremos pronto.

LEÑADOR 3º — Ahora sale la luna. Vamos a darnos prisa.

(Por la izquierda surge una claridad).

LEÑADOR 1º ¡Ay luna que sales!
Luna de las hojas grandes.

LEÑADOR 2º ¡Llena de jazmines la sangre!

LEÑADOR 1º ¡Ay luna sola!
¡Luna de las verdes hojas!

LEÑADOR 2º Plata en la cara de la novia.

LEÑADOR 3º ¡Ay, luna mala!
Deja para el amor la oscura rama.

LEÑADOR 1º ¡Ay, triste luna!
¡Deja para el amor la raza oscura!

(Salen. Por la claridad de la izquierda aparece la Luna. La Luna es un leñador joven con la cara blanca. La escena adquiere un vivo resplandor azul).

LUNA Cisne redondo en el río,
ojo de las catedrales,
alba fingida en las hojas

soy; ¡no podrán escaparse!
¿Quién se oculta? ¿Quién solloza
por la maleza del valle?
La luna deja un cuchillo
abandonado en el aire,
que siendo acecho de plomo
quiere ser dolor de sangre.
¡Dejadme entrar! ¡Vengo helada
por paredes y cristales!
¡Abrir tejados y pechos
donde pueda calentarme!
¡Tengo frío! Mis cenizas
de soñolientos metales,
buscan la cresta del fuego
por los montes y las calles.
Pero me lleva la nieve
sobre su espalda de jaspe,
y me anega, dura y fría,
el agua de los estaques.
Pues esta noche tendrán
mis mejillas roja sangre,
y los juncos agrupados
en los anchos pies del aire.
¡No haya sombra ni emboscada,
que no puedan escaparse!
¡Que quiero entrar en un pecho
para poder calentarme!
¡Un corazón para mí!
¡Caliente! que se derrame
por los montes de mi pecho;
dejadme entrar, ¡ay, dejadme!

(A las ramas).

No quiero sombras. Mis rayos
han de entrar en todas partes,
y haya en los troncos oscuros
un rumor de claridades,

para que esta noche tengan
mis mejillas dulce sangre,
y los juncos agrupados
en los anchos pies del aire.
¿Quién se oculta? ¡Afuera digo!
¡No! ¡No podrán escaparse!
Yo haré lucir al caballo
una fiebre de diamante.

(Desaparece entre los troncos, y vuelve la escena a su luz oscura. Sale una anciana totalmente cubierta por tenues paños verdeoscuros. Lleva los pies descalzos. Apenas si se le verá el rostro entre los pliegues. Este personaje no figura en el reparto).

MENDIGA Esa luna se va y ellos se acercan.
De aquí no pasan. El rumor del río
apagará con el rumor de troncos
el desgarrado vuelo de los gritos.
Aquí ha de ser, y pronto. Estoy
cansada.
Abren los cofres, y los blancos hilos
aguardan por el suelo de la alcoba
cuerpos pesados con el cuello herido.
No se despierte un pájaro y la brisa,
recogiendo en su falda los gemidos,
huya con ellos por las negras copas
o los entierre por el blando limo.
(Impaciente). ¡Esa luna, esa luna!

(Aparece la Luna. Vuelve la luz azul intensa).

LUNA Ya se acercan.
Unos por la cañada y el otro
por el río.
Voy a alumbrar las piedras.
¿Qué necesitas?

MENDIGA — Nada.

LUNA El aire va llegando duro, con doble filo.

MENDIGA Ilumina el chaleco y aparta los botones,
que después las navajas ya saben el camino.

LUNA Pero que tarden mucho en morir.
Que la sangre me ponga entre los dedos su delicado silbo.
¡Mira que ya mis valles de ceniza despiertan
en ansia de esta fuente de chorro estremecido!

MENDIGA No dejemos que pasen el arroyo. ¡Silencio!

LUNA ¡Allí vienen! *(Se va. Queda la escena oscura).*

MENDIGA De prisa. Mucha luz. ¿Me has oído? ¡No pueden escaparse!

(Entran el Novio y Mozo 1º. La Mendiga se sienta y se tapa con el manto).

NOVIO — Por aquí.

MOZO 1º — No los encontrarás.

NOVIO *(enérgico).* — ¡Sí los encontraré!

MOZO 1º — Creo que se han ido por otra vereda.

NOVIO — No. Yo sentí hace un momento el galope.

MOZO 1º — Sería otro caballo.

NOVIO (*dramático*). —Oye. No hay más que un caballo en el mundo, y es éste. ¿Te has enterado? Si me sigues, sígueme sin hablar.

MOZO 1º —Es que quisiera...

NOVIO —Calla. Estoy seguro de encontrármelos aquí. ¿Ves este brazo? Pues no es mi brazo. Es el brazo de mi hermano y el de mi padre y el de toda mi familia que está muerta. Y tiene tanto poderío, que puede arrancar este árbol de raíz si quiere. Y vamos pronto, que siento los dientes de todos los míos clavados aquí de una manera que se me hace imposible respirar tranquilo.

MENDIGA (*quejándose*). —¡Ay!

MOZO 1º —¿Has oído?

NOVIO —Vete por ahí y da la vuelta.

MOZO 1º —Esto es una caza.

NOVIO —Una caza. La más grande que se puede hacer.

(Se va el Mozo. El Novio se dirige rápidamente hacia la izquierda y tropieza con la Mendiga, la muerte).

MENDIGA —¡Ay!

NOVIO —¡Qué quieres?

MENDIGA —Tengo frío.

NOVIO —¿Adónde te diriges?

MENDIGA (*siempre quejándose como una mendiga*). —Allá lejos...

NOVIO —¿De dónde vienes?

MENDIGA —De allí..., de muy lejos.

NOVIO —¿Viste un hombre y una mujer que corrían montados en un caballo?

MENDIGA *(despertándose).* —Espera... *(Lo mira).* Hermoso galán. *(Se levanta).* Pero mucho más hermoso si estuviera dormido.

NOVIO —Dime, contesta, ¿los viste?

MENDIGA —Espera... ¡Qué espaldas más anchas! ¿Cómo no te gusta estar tendido sobre ellas y no andar sobre las plantas de los pies que son tan chicas?

NOVIO *(zamarreándola).* —¡Te digo si los viste! ¿Han pasado por aquí?

MENDIGA *(enérgica).* —No han pasado; pero están saliendo de la colina. ¿No lo oyes?

NOVIO —No.

MENDIGA —¿Tú no conoces el camino?

NOVIO —¡Iré como sea!

MENDIGA —Te acompañaré. Conozco esta tierra.

NOVIO *(impaciente).* —¡Pues, vamos! ¿Por dónde?

MENDIGA *(dramática).* —¡Por allí!

(Salen rápidos. Se oyen lejanos dos violines que expresan el bosque. Vuelven los Leñadores. Llevan las hachas al hombro. Pasan lentos entre los troncos).

LEÑADOR 1º ¡Ay muerte que sales!
Muerte de las hojas grandes.

LEÑADOR 2º ¡No abras el chorro de la sangre!

LEÑADOR 1º ¡Ay, muerte sola!
Muerte de las secas hojas.

LEÑADOR 3º ¡No cubras de flores la boda!

LEÑADOR 2º ¡Ay, triste muerte!
Deja para el amor la rama verde.

LEÑADOR 1º ¡Ay, muerte mala!
¡Deja para el amor la verde rama!

(Van saliendo mientras hablan. Aparecen Leonardo y la Novia).

LEONARDO ¡Calla!

NOVIA Desde aquí yo me iré sola.
¡Vete! Quiero que te vuelvas.

LEONARDO ¡Calla, digo!

NOVIA Con los dientes,
con las manos, como puedas,
quita de mi cuello honrado
el metal de esta cadena,
dejándome arrinconada
allá en mi casa de tierra.
Y si no quieres matarme
como a víbora pequeña,
pon en mis manos de novia
el cañón de la escopeta.
¡Ay, qué lamento, qué fuego
me sube por la cabeza!
¡Qué vidrios se me clavan en la lengua!

LEONARDO Ya dimos el paso; ¡calla!

porque nos persiguen cerca
y te he de llevar conmigo.

NOVIA ¡Pero ha de ser a la fuerza!

LEONARDO ¿A la fuerza? ¿Quién bajó
primero las escaleras?

NOVIA Yo las bajé.

LEONARDO ¿Quién le puso
al caballo bridas nuevas?

NOVIA Yo misma. Verdá.

LEONARDO ¿Y qué manos
me calzaron las espuelas?

NOVIA Estas manos, que son tuyas,
pero que al verte quisieran
quebrar las ramas azules
y el murmullo de tus venas.
¡Te quiero! ¡Te quiero! ¡Aparta!
Que si matarte pudiera,
te pondría una mortaja
con los filos de violetas.
¡Ay, qué lamento, qué fuego
me sube por la cabeza!

LEONARDO ¡Qué vidrios se me clavan en la
lengua!
Porque yo quise olvidar
y puse un muro de piedra
entre tu casa y la mía.
Es verdad. ¿No lo recuerdas?
Y cuando te vi de lejos
me eché en los ojos arena.
Pero montaba a caballo
y el caballo iba a tu puerta.
Con alfileres de plata
mi sangre se puso negra,

y el sueño me fue llenando
las carnes de mala hierba.
Que yo no tengo la culpa,
que la culpa es de la tierra
y de ese olor que te sale
de los pechos y las trenzas.

NOVIA ¡Ay qué sinrazón! No quiero
contigo cama ni cena,
y no hay minuto del día
que estar contigo no quiera,
porque me arrastras y voy,
y me dices que me vuelva
y te sigo por el aire
como una brizna de hierba.
He dejado a un hombre duro
y a toda su descendencia
en la mitad de la boda
y con la corona puesta.
Para ti será el castigo
y no quiero que lo sea.
¡Déjame sola! ¡Huye tú!
No hay nadie que te defienda.

LEONARDO Pájaros de la mañana
por los árboles se quiebran.
La noche se está muriendo
en el filo de la piedra.
Vamos al rincón oscuro
donde yo siempre te quiera,
que no me importa la gente
ni el veneno que nos echa.

(La abraza fuertemente).

NOVIA Y yo dormiré a tus pies
para guardar lo que sueñas.
Desnuda, mirando al campo,

(Dramática).

como si fuera una perra,
¡porque eso soy! Que te miro
y tu hermosura me quema.

LEONARDO Se abrasa lumbre con lumbre.
La misma llama pequeña
mata dos espigas juntas.
¡Vamos!

(La arrastra).

NOVIA ¿Adónde me llevas?

LEONARDO Adonde no puedan ir
estos hombres que nos cercan.
¡Donde yo pueda mirarte!

NOVIA *(sarcástica).*
Llévame de feria en feria,
dolor de mujer honrada,
a que las gentes me vean
con las sábanas de boda
al aire, como banderas.

LEONARDO También yo quiero dejarte
si pienso como se piensa.
Pero voy donde tú vas.
Tú también. Da un paso. Prueba.
Clavos de luna nos funden
mi cintura y tus caderas.

(Toda esta escena es violenta, llena de gran sensualidad).

NOVIA ¿Oyes?

LEONARDO Viene gente.

NOVIA ¡Huye!
Es justo que yo aquí muera
con los pies dentro del agua
y espinas en la cabeza.
Y que me lloren las hojas,
mujer perdida y doncella.

LEONARDO — Cállate. Ya suben.

NOVIA — ¡Vete!

LEONARDO — Silencio. Que no nos sientan.
Tú delante. ¡Vamos, digo!

(Vacila la Novia).

NOVIA — ¡Los dos juntos!

LEONARDO — *(abrazándola).*

¡Como quieras!
Si nos separan, será
porque esté muerto.

NOVIA — Y yo muerta.

(Salen abrazados).

(Aparece la Luna muy despacio. La escena adquiere una fuerte luz azul. Se oyen los dos violines. Bruscamente se oyen dos largos gritos desgarrados, y se corta la música de los violines. Al segundo grito aparece la Mendiga y queda de espaldas. Abre el manto y queda en el centro como un gran pájaro de alas inmensas. La Luna se detiene. El telón baja en medio de un silencio absoluto).

TELON

CUADRO ULTIMO

Habitación blanca con arcos y gruesos muros. A la derecha y a la izquierda escaleras blancas. Gran arco al fondo y pared del mismo color. El suelo será también de un blanco reluciente. Esta habitación simple tendrá un sentido monumental de iglesia. No habrá ni un gris, ni una sombra, ni siquiera lo preciso para la perspectiva.

(Dos Muchachas vestidas de azul oscuro están devanando una madeja roja).

MUCHACHA 1ª Madeja, madeja,
¿qué quieres hacer?

MUCHACHA 2ª Jazmín de vestido,
cristal de papel.
Nacer a las cuatro,
morir a las diez.
Ser hilo de lana,
cadena a tus pies
y nudo que apriete
amargo laurel.

NIÑA *(cantando).*

¿Fuisteis a la boda?

MUCHACHA 1ª No.

NIÑA ¡Tampoco fui yo!
¿Qué pasaría
por los tallos de las viñas?
¿Qué pasaría
por el ramo de la oliva?
¿Qué pasó
que nadie volvió?
¿Fuisteis a la boda?

MUCHACHA 2ª Hemos dicho que no.

NIÑA *(yéndose).*

¡Tampoco fui yo!

MUCHACHA 2ª Madeja, madeja,
¿qué quieres cantar?

MUCHACHA 1ª Heridas de cera,
dolor de arrayán.
Dormir la mañana,
de noche velar.

NIÑA *(en la puerta).*

El hilo tropieza
con el pedernal.
Los montes azules
lo dejan pasar.
Corre, corre, corre,
y al fin llegará
a poner cuchillo
y quitar el pan.

(Se va).

MUCHACHA 2ª Madeja, madeja,
¿qué quieres decir?

MUCHACHA 1ª Amante sin habla.
Novio carmesí.
Por la orilla muda
tendidos los vi.
(Se detiene mirando la madeja).

NIÑA *(asomándose a la puerta).*

Corre, corre, corre,
el hilo hasta aquí.
Cubiertos de barro
los siento venir.
¡Cuerpos estirados,
paños de marfil!

(Se va).

(Aparecen la Mujer y la Suegra de Leonardo. Llegan angustiadas).

MUCHACHA 1ª ¿Vienen ya?

SUEGRA *(agria).*

No sabemos.

MUCHACHA 2ª ¿Qué contáis de la boda?

MUCHACHA 1ª Dime.

SUEGRA *(seca).*

Nada.

MUJER Quiero volver para saberlo todo.

SUEGRA *(enérgica).*

Tú, a tu casa.
Valiente y sola en tu casa.
A envejecer y a llorar.
Pero la puerta cerrada.
Nunca. Ni muerto ni vivo.
Clavaremos las ventanas.
Y vengan lluvias y noches
sobre las hierbas amargas.

MUJER ¿Qué habrá pasado?

SUEGRA No importa.
Echate un velo en la cara.
Tus hijos son hijos tuyos
nada más. Sobre la cama
pon una cruz de ceniza
donde estuvo su almohada.

(Salen).

MENDIGA *(a la puerta).*

Un pedazo de pan, muchachas.

NIÑA ¡Vete!

(Las Muchachas se agrupan).

MENDIGA ¿Por qué?

NIÑA Porque tú gimes: vete.

MUCHACHA 1ª ¡Niña!

MENDIGA ¡Pude pedir tus ojos! Una nube
de pájaros me sigue; ¿quieres uno?

NIÑA ¡Yo me quiero marchar!

MUCHACHA 2ª *(a la Mendiga).*

¡No le hagas caso!

MUCHACHA 1ª ¿Vienes por el camino del arroyo?

MENDIGA ¡Por allí vine!

MUCHACHA 1ª *(tímida).*

¿Puedo preguntarte?

MENDIGA Yo los vi; pronto llegan; dos torrentes
quietos al fin entre piedras grandes,
dos hombres en las patas del caballo.
Muertos en la hermosura de la noche.

(Con delectación).

Muertos, sí, muertos.

MUCHACHA 1ª ¡Calla, vieja, calla!

MENDIGA Flores rotas los ojos, y sus dientes
dos puñados de nieve endurecida.
Los dos cayeron, y la novia vuelve
teñida en sangre falda y cabellera.
Cubiertos con dos mantas ellos vienen

sobre los hombros de los mozos
altos.
Así fue, nada más. Era lo justo.
Sobre la flor del oro, sucia arena.

(Se va. Las Muchachas inclinan las cabezas y rítmicamente van saliendo).

MUCHACHA 1ª Sucia arena.

MUCHACHA 2ª Sobre la flor del oro.

NIÑA Sobre la flor del oro
traen a los muertos del arroyo.
Morenito el uno,
morenito el otro.
¡Qué ruiseñor de sombra vuela y
gime
sobre la flor del oro!

(Se va. Queda la escena sola. Aparece la Madre con una Vecina. La Vecina viene llorando).

MADRE —Calla.

VECINA —No puedo.

MADRE —Calla, he dicho. *(En la puerta).* ¿No hay nadie aquí? *(Se lleva las manos a la frente).* Debía contestarme mi hijo. Pero mi hijo es ya un brazado de flores secas. Mi hijo es ya una voz oscura detrás de los montes. *(Con rabia a la Vecina).* ¿Te quieres callar? No quiero llantos en esta casa. Vuestras lágrimas son lágrimas en los ojos nada más, y las mías vendrán cuando yo esté sola, de las plantas de mis pies, de mis raíces, y serán más ardientes que la sangre.

VECINA — Vente a mi casa; no te quedes aquí.

MADRE — Aquí. Aquí quiero estar. Y tranquila. Ya todos están muertos. A medianoche dormiré, dormiré sin que ya me aterren las escopetas o el cuchillo. Otras madres se asomarán a las ventanas, azotadas por la lluvia, para ver el rostro de sus hijos. Yo no. Yo haré con mi sueño una fría paloma de marfil que lleve camelias de escarcha sobre el camposanto. Pero no; camposanto no, camposanto no: lecho de tierra, cama que los cobija y que los mece por el cielo. *(Entra una mujer de negro que se dirige a la derecha y allí se arrodilla. A la Vecina).* Quítate las manos de la cara. Hemos de pasar días terribles. No quiero ver a nadie. La tierra y yo. Mi llanto y yo. Y estas cuatro paredes. ¡Ay! ¡Ay! *(Se sienta transida).*

VECINA — Ten caridad de ti misma.

MADRE *(echándose el pelo hacia atrás).* — He de estar serena. *(Se sienta).* Porque vendrán las vecinas y no quiero que me vean tan pobre. ¡Tan pobre! Una mujer que no tiene un hijo siquiera que poderse llevar a los labios.

(Aparece la Novia. Viene sin azahar y con un manto negro).

VECINA *(viendo a la Novia con rabia).* — ¿Dónde vas?

NOVIA — Aquí vengo.

MADRE *(a la Vecina).* — ¿Quién es?

VECINA — ¿No la reconoces?

MADRE — Por eso pregunto quién es. Porque tengo que no reconocerla, para no clavarle mis dientes en el cuello. ¡Víbora! *(Se dirige hacia la Novia con ademán fulminante; se detiene. A la Vecina).* ¿La ves? Está ahí y está llorando, y yo quieta sin arrancarle los ojos. No me entiendo. ¿Será que yo no quería a mi hijo? Pero ¿y su honra? ¿Dónde está su honra? *(Golpea a la Novia. Esta cae al suelo).*

VECINA — ¡Por Dios! *(Trata de separarlas).*

NOVIA *(a la Vecina).* — Déjala; he venido para que me mate y que me lleven con ellos. *(A la Madre).* Pero no con las manos; con garfios de alambre, con una hoz, y con fuerza, hasta que se rompa en mis huesos. ¡Déjala! Que quiero que sepa que yo soy limpia, que estaré loca, pero que me pueden enterrar sin que ningún hombre se haya mirado en la blancura de mis pechos.

MADRE — Calla, calla; ¿qué me importa eso a mí?

NOVIA — ¡Porque yo me fui con el otro, me fui! *(Con angustia).* Tú también te hubieras ido. Yo era una mujer quemada, llena de llagas por dentro y por fuera, y tu hijo era un poquito de agua de la que yo esperaba hijos, tierra, salud; pero el otro era un río oscuro, lleno de ramas, que acercaba a mí el rumor de sus juncos y su cantar entre dientes. Y yo corría con tu hijo que era como un niñito de agua fría y el otro me mandaba cientos de pájaros que me impedían el andar y que dejaban escarcha sobre mis heridas de pobre mujer marchita, de muchacha acariciada por el fuego. Yo no quería, ¡óyelo bien!, yo no quería. Tu hijo era mi fin y yo no lo he engañado, pero el brazo del otro me arrastró como un golpe de mar, como la cabezada de un mulo, y me hubiera arrastrado siempre, siempre, siempre, aunque hubiera sido vieja y todos los hijos de tu hijo me hubiesen agarrado de los cabellos. *(Entra una vecina).*

MADRE — Ella no tiene la culpa, ¡ni yo! *(Sarcástica).* ¿Quién la tiene, pues? ¡Floja, delicada, mujer de mal dormir es quien tira una corona de azahar para buscar un pedazo de cama calentado por otra mujer!

NOVIA — ¡Calla, calla! Véngate de mí; ¡aquí estoy! Mira que mi cuello es blando; te costará menos trabajo que segar una dalia de tu huerto. Pero ¡eso no! Honrada, honrada como una niña recién nacida. Y fuerte para demostrártelo. Enciende la lumbre. Vamos a meter las manos: tú, por tu hijo; yo, por mi cuerpo. Las retirarás antes tú. *(Entra otra vecina).*

MADRE — Pero ¿qué me importa a mí tu honradez? ¿Qué me importa tu muerte? ¿Qué me importa a mí nada de nada? Benditos sean los trigos, porque mis hijos están debajo de ellos; bendita sea la lluvia, porque moja la cara de los muertos. Bendito sea Dios, que nos tiende juntos para descansar. *(Entra otra vecina).*

NOVIA — Déjame llorar contigo.

MADRE — Llora. Pero en la puerta.

(Entra la Niña. La Novia queda en la puerta. La Madre, en el centro de la escena).

MUJER *(entrando y dirigiéndose a la izquierda).*

Era hermoso jinete,
y ahora montón de nieve.
Corrió ferias y montes
y brazos de mujeres.
Ahora, musgo de noche
le corona la frente.

MADRE Girasol de tu madre,
espejo de la tierra.
Que te pongan al pecho
cruz de amargas adelfas;
sábana que te cubra
de reluciente seda,
y el agua forme un llanto
entre tus manos quietas.

MUJER ¡Ay, que cuatro muchachos
llegan con hombros cansados!

NOVIA ¡Ay, que cuatro galanes
traen a la muerte por el aire!

MADRE — Vecinas.

NIÑA — *(en la puerta).*

Ya los traen.

MADRE — Es lo mismo,
la cruz, la cruz.

MUJERES — Dulces clavos,
dulce cruz,
dulce nombre
de Jesús.

MADRE — Que la cruz ampare a muertos
y vivos.
Vecinas, con un cuchillo,
con un cuchillito,
en un día señalado,
entre las dos y las tres,
se mataron los dos hombres
del amor.
Con un cuchillo,
con un cuchillito
que apenas cabe en la mano,
pero que penetra fino
por las carnes asombradas,
y que se para en el sitio
donde tiembla enmarañada
la oscura raíz del grito.

NOVIA — Y esto es un cuchillo,
un cuchillito
que apenas cabe en la mano;
pez sin escamas ni río,
para que en un día señalado, entre
[las dos y las tres,

con este cuchillo,
se queden dos hombres duros
con los labios amarillos.

MADRE Y apenas cabe en la mano,
pero que, penetra frío
por las carnes asombradas
y allí se para, en el sitio
donde tiembla enmarañada
la oscura raíz del grito.

(Las vecinas, arrodilladas en el suelo, lloran).

T E L O N

FIN DEL DRAMA

DOÑA ROSITA LA SOLTERA

o EL LENGUAJE DE LAS FLORES

Poema granadino del novecientos,
dividido en varios jardines,
con escenas de canto y baile
(1935)

PERSONAJES

DOÑA ROSITA
EL AMA
LA TIA
MANOLA 1ª
MANOLA 2ª
MANOLA 3ª
SOLTERA 1ª
SOLTERA 2ª
SOLTERA 3ª
MADRE DE LAS SOLTERAS
AYOLA 1ª
AYOLA 2ª
EL TIO
EL SOBRINO
EL CATEDRATICO DE ECONOMIA
DON MARTIN
EL MUCHACHO
DOS OBREROS
UNA VOZ

ACTO PRIMERO

(Habitación con salida a un invernadero).

TIO —¿Y mis semillas?

AMA —Ahí estaban.

TIO —Pues no están.

TIA —Eléboro, fucsias y los crisantemos, Luis Passy violáceo y altair blanco plata con puntas heliotropo.

TIO —Es necesario que cuidéis las flores.

AMA —Si lo dice por mí...

TIA —Calla. No repliques.

TIO —Lo digo por todos. Ayer me encontré las semillas de dalias pisoteadas por el suelo. *(Entra en el invernadero).* No os dais cuenta de mi invernadero; desde el ochocientos siete, en que la condesa de Wandes obtuvo la rosa muscosa, no la ha conseguido nadie en Granada más que yo, ni el botánico de la Universidad. Es preciso que tengáis más respeto por mis plantas.

AMA —¿Pero no las respeto?

TIA —¡Chist! Sois a cuál peor.

AMA —Sí, señora. Pero yo digo que de tanto regar las flores y tanta agua por todas partes, van a salir sapos en el sofá.

TIA —Luego bien te gusta olerlas.

AMA —No, señora. A mí las flores me huelen a niño muerto, o a profesión de monja, o a altar de iglesia. A cosas tristes. Donde esté una naranja o un buen membrillo, que se quiten las rosas del mundo. Pero aquí... rosas por la derecha, albahaca por la izquierda, anémonas, salvias, petunias y esas flores de ahora, de moda, los crisantemos, despeinados como unas cabezas de gitanillas. ¡Qué ganas tengo de ver plantados en este jardín, un peral, un cerezo, un kaki!

TIA —¡Para comértelos!

AMA —Come quien tiene boca... Como decían en mi pueblo:

La boca sirve para comer,
las piernas sirven para la danza
y hay una cosa de la mujer...

(*Se detiene y se acerca a la* Tía *y le dice bajo*).

TIA —¡Jesús! (*Signando*).

AMA —Son indecencias de los pueblos. (*Signando*).

ROSITA *(Entra rápida. Viene vestida de rosa con un traje del novecientos, mangas de jamón y adornos de cintas).*

—¿Y mi sombrero? ¿Dónde está mi sombrero? ¡Ya han dado las treinta campanadas en San Luis!

AMA —Yo lo dejé en la mesa.

ROSITA —Pues no está. *(Buscan. El* Ama *sale).*

TIA —¿Has mirado en el armario? *(Sale la* Tía*).*

AMA *(entra).* —No lo encuentro.

ROSITA —¿Será posible que no se sepa dónde está mi sombrero?

AMA —Ponte el azul con margaritas.

ROSITA —Estás loca.

AMA —Más loca estás tú.

TIA *(vuelve a entrar).* —¡Vamos, aquí está! *(*Rosita *lo coge y sale corriendo).*

AMA —Es que todo lo quiere volando. Hoy ya quisiera que fuese pasado mañana. Se echa a volar y se nos pierde de las manos. Cuando chiquita tenía que contarle todos los días el cuento de cuando ella fuera vieja: "Mi Rosita ya tiene ochenta años"... y siempre así, ¿Cuándo la ha visto usted sentada a hacer encaje de lanzadera o frivolité, o puntas de festón o sacar hilos para adornarse una chapona?

TIA —Nunca.

AMA —Siempre del coro al caño y del caño al coro; del coro al caño y del caño al coro.

TIA —¡A ver si te equivocas!

AMA —Si me equivocara no oiría usted ninguna palabra nueva.

TIA —Claro es que nunca me ha gustado contradecirla, porque ¿quién apena a una criatura que no tiene padre?

AMA —Ni padre, ni madre, ni perrito que le ladre, pero tiene un tío y una tía que valen un tesoro. *(La abraza).*

TIO *(dentro).* —¡Esto ya es demasiado!

TIA —¡María Santísima!

TIO —Bien está que se pisen las semillas, pero no es tolerable que esté con las hojitas tronchadas la planta del rosal que más quiero. Mucho más que la muscosa y la híspida y la pomponiana y la damascena y que la eglantina de la reina Isabel. *(A la Tía).* Entra, entra y la verás.

TIA —¿Se ha roto?

TIO —No, no le ha pasado gran cosa, pero pudo haberle pasado.

AMA —¡Acabáramos!

TIO —Yo me pregunto: ¿quién volcó la maceta?

AMA —A mí no me mire usted.

TIO —¿He sido yo?

AMA —¿Y no hay gatos y no hay perros, y no hay un golpe de aire que entra por la ventana?

TIA —Anda, barre el invernadero.

AMA —Está visto que en esta casa no la dejan hablar a una.

TIO *(entra)*. —Es una rosa que nunca has visto; una sorpresa que te tengo preparada. Porque es increíble la "rosa declinata" de capullos caídos y la inermis que no tiene espinas, qué maravilla, ¿eh?, ¡ni una espina!, y la mirtifolia que viene de Bélgica y la sulfurata que brilla en la oscuridad. Pero ésta las aventaja a todas en rareza. Los botánicos la llaman Rosa Mutabile, que quiere decir: mudable; que cambia... En este libro está su descripción y su pintura, ¡mira! *(Abre el libro)*. Es roja por la mañana, a la tarde se pone blanca, y se deshoja por la noche.

Cuando se abre en la mañana,
roja como sangre está;
el rocío no la toca
porque se teme quemar.
Abierta en el mediodía
es dura como el coral.
El sol se asoma a los vidrios
para verla relumbrar.
Cuando en las ramas empiezan
los pájaros a cantar
y se desmaya la tarde
en las violetas del mar,
se pone blanca, con blanco
de una mejilla de sal.

Y cuando toca la noche
blando cuerno de metal
y las estrellas avanzan
mientras los aires se van,
en la raya de lo oscuro
se comienza a deshojar.

TIA —¿Y tiene ya flor?

TIO —Una que está abriendo.

TIA —¿Dura un día tan sólo?

TIO —Uno. Pero yo ese día lo pienso pasar al lado para ver cómo se pone blanca.

ROSITA *(entrando).* —Mi sombrilla.

TIO —Su sombrilla.

TIA *(a voces)* —¡La sombrilla!

AMA *(apareciendo).* —¡Aquí está la sombrilla! *(*Rosita *coge la sombrilla y besa a sus tíos).*

ROSITA —¿Qué tal?

TIO —Un primor.

TIA —No hay otra.

ROSITA *(abriendo la sombrilla)* —¿Y ahora?

AMA —¡Por Dios, cierra la sombrilla, no se puede abrir bajo techado! ¡Llega la mala suerte!

Por la rueda de San Bartolomé
y la varita de San José
y la santa rama de laurel,

enemigo, retírate
por las cuatro esquinas de Jerusalén.

(Ríen todos. El Tío *sale).*

ROSITA *(cerrando).* —¡Ya está!

AMA —No lo hagas más... ¡ca... ramba!

ROSITA —¡Huy!

TIA —¿Qué ibas a decir?

AMA —¡Pero no lo he dicho!

ROSITA *(saliendo con risas).* —¡Hasta luego!

TIA —¿Quién te acompaña?

ROSITA *(asomando la cabeza).* —Voy con las manolas.

AMA —Y con el novio.

TIA —El novio creo que tenía que hacer.

AMA —No sé quién me gusta más: si el novio o ella. *(La* Tía *se sienta a hacer encaje de bolillos).* Un par de primos para ponerlos en un vasar de azúcar, y si se murieran, ¡Dios los libre!, embalsamarlos y meterlos en un nicho de cristales y de nieve. ¿A cuál quiere usted más? *(Se pone a limpiar).*

TIA —A los dos los quiero como sobrinos.

AMA —Uno por la manta de arriba y otro por la manta de abajo, pero...

TIA —Rosita se crió conmigo...

AMA —Claro. Como que yo no creo en la sangre. Para mí esto es ley. La sangre corre por debajo de las venas, pero no se ve. Más se quiere a un primo segundo que se ve todos los días, que a un hermano que está lejos. Por qué, vamos a ver.

TIA —Mujer, sigue limpiando.

AMA —Ya voy. Aquí no la dejan a una ni abrir los labios. Críe usted una niña hermosa para esto. Déjese usted a sus propios hijos en una chocita temblando de hambre.

TIA —Será de frío.

AMA —Temblando de todo, para que le digan a una, ¡cállate! y como soy criada no puedo hacer más que callarme, que es lo que hago y no puedo replicar y decir...

TIA —Y decir ¿qué...?

AMA —Que deje usted esos bolillos con ese tiquití, que me va a estallar la cabeza de tiquitís.

TIA *(riendo).* —Mira a ver quién entra.

(Hay un silencio en la escena, donde se oye el golpear de los bolillos).

VOZ —¡¡Manzanillaaaaa finaaa de la sierraaa!!

TIA *(hablando sola).* —Es preciso comprar otra vez manzanilla. En algunas ocasiones hace falta... Otro día que pase... Treinta y siete, treinta y ocho.

(Voz del pregonero muy lejos).

— ¡Manzanillaa finaa de la sierraa!

TIA (*poniendo un alfiler*). —Y cuarenta.

SOBRINO (*entrando*). —Tía.

TIA (*sin mirarlo*). —Hola, siéntate, si quieres. Rosita ya se ha marchado.

SOBRINO —¿Con quién salió?

TIA —Con las manolas. (*Pausa. Mirando al* Sobrino). Algo te pasa.

SOBRINO —Sí.

TIA (*inquieta*). —Casi me lo figuro. Ojalá me equivoque.

SOBRINO —No. Lea usted.

TIA (*lee*). —Claro, si es lo natural. Por eso me opuse a tus relaciones con Rosita. Yo sabía que más tarde o más temprano te tendrías que marchar con tus padres. ¡Y que es ahí al lado! Cuarenta días de viaje hacen falta para llegar a Tucumán. Si fuera hombre y joven, te cruzaría la cara.

SOBRINO —Yo no tengo culpa de querer a mi prima. ¿Se imagina usted que me voy con gusto? Precisamente quiero quedarme aquí y a eso vengo.

TIA —¡Quedarte¡ ¡Quedarte! Tu deber es irte. Son muchas leguas de hacienda y tu padre está viejo. Soy yo la que te tiene que obligar a que tomes el vapor. Pero a mí me dejas la vida amargada. De tu prima no quiero acordarme. Vas a clavar una flecha con cintas moradas sobre su corazón. Ahora se enterará de que las telas no sólo sirven para hacer flores, sino para empapar lágrimas.

SOBRINO —¿Qué me aconseja usted?

TIA —Que te vayas. Piensa que tu padre es hermano mío. Aquí no eres más que un paseante de los jardinillos y allí serás un labrador.

SOBRINO —Pero es que yo quisiera...

TIA —¿Casarte? ¿Estás loco? Cuando tengas tu porvenir hecho. Y llevarte a Rosita, ¿no? Tendrías que saltar por encima de mí y de tu tío.

SOBRINO —Todo es hablar. Demasiado sé que no puedo. Pero yo quiero que Rosita me espere. Porque volveré pronto.

TIA —Si antes no pegas la hebra con una tucumana. La lengua se me debió pegar en el cielo de la boca antes de consentir tu noviazgo; porque mi niña se queda sola en estas cuatro paredes, y tú te vas libre por el mar, por aquellos ríos, por aquellos bosques de toronjas, y mi niña aquí un día igual a otro, y tú allí: el caballo y la escopeta para tirarle al faisán.

SOBRINO —No hay motivo para que me hable usted de esa manera. Yo di mi palabra y la cumpliré. Por cumplir su palabra está mi padre en América y usted sabe...

TIA (*suave*). —Calla.

SOBRINO —Callo. Pero no confunda usted el respeto con la falta de vergüenza.

TIA (*con ironía andaluza*). —¡Perdona, perdona! Se me había olvidado que ya eras un hombre.

AMA (*entra llorando*). —Si fuera un hombre no se iría.

TIA (*enérgica*). —¡Silencio! (*El* Ama *llora con grandes sollozos*).

SOBRINO —Volveré dentro de unos instantes. Dígaselo usted.

TIA —Descuida. Los viejos son los que tienen que llevar los malos ratos. (*Sale el* Sobrino).

AMA —¡Ay, qué lástima de mi niña! ¡Ay, qué lástima! ¡Ay, qué lástima! ¡Estos son los hombres de ahora! Pidiendo ochavitos por las calles me quedo yo al lado de esta prenda. Otra vez vienen los llantos a esta casa. ¡Ay, señora! (*Reaccionando*). ¡Ojalá se lo coma la serpiente del mar!

TIA —¡Dios dirá!

AMA Por el ajonjolí,
por las tres santas preguntas
y la flor de la canela,
tenga malas noches
y malas sementeras.
Por el pozo de San Nicolás
se le vuelva veneno la sal.
(*Coge un jarro de agua y hace una cruz en el suelo*).

TIA — No maldigas. Vete a tu hacienda.

(Sale el Ama*). (Se oyen risas. La* Tía *se va).*

MANOLA 1ª *(entrando y cerrando la sombrilla).* — ¡Ay!

MANOLA 2ª *(igual).* — ¡Ay, qué fresquito!

MANOLA 3ª *(igual).* — ¡Ay!

ROSITA *(igual).* — ¿Para quién son los suspiros de mis tres lindas manolas?

MANOLA 1ª — Para nadie.

MANOLA 2ª — Para el viento.

MANOLA 3ª — Para un galán que me ronda.

ROSITA ¿Qué manos recogerán
los ayes de vuestra boca?

MANOLA 1ª — La pared.

MANOLA 2ª — Cierto retrato.

MANOLA 3ª — Los encajes de mi colcha.

ROSITA También quiero suspirar.
¡Ay, amigas! ¡Ay, manolas!

MANOLA 1ª — ¿Quién los recoge?

ROSITA Dos ojos
que ponen blanca la sombra,
cuyas pestañas son parras
donde se duerme la aurora.
Y, a pesar de ser negros, son
dos tardes con amapolas.

MANOLA 1ª — ¡Ponle una cinta al suspiro!

MANOLA 2ª — ¡Ay!

MANOLA 3ª — Dichosa tú.

MANOLA 1ª — ¡Dichosa!

ROSITA — No me engañéis que yo sé
cierto rumor de vosotras.

MANOLA 1ª — Rumores son jaramagos.

MANOLA 2ª — Y estribillos de las olas.

ROSITA — Lo voy a decir...

MANOLA 1ª — Empieza.

MANOLA 3ª — Los rumores son coronas.

ROSITA — Granada, calle de Elvira,
donde viven las manolas,
las que se van a la Alhambra,
las tres y las cuatro solas.
Una vestida de verde,
otra de malva, y la otra,
un corselete escocés
con cintas hasta la cola.
Las que van delante, garzas,
la que va detrás, paloma,
abren por las alamedas
muselinas misteriosas.
¡Ay, qué oscura está la Alhambra!
¿Adónde irán las manolas
mientras sufren en la umbría
el surtidor y la rosa?
¿Qué galanes las esperan?
¿Bajo qué mirto reposan?
¿Qué manos roban perfumes
a sus dos flores redondas?
Nadie va con ellas, nadie;
dos garzas y una paloma.

Pero en el mundo hay galanes
que se tapan con las hojas.
La catedral ha dejado
bronces que la brisa toma;
el Genil duerme a sus bueyes
y el Dauro a sus mariposas.
La noche viene cargada
con sus colinas de sombra;
una enseña los zapatos
entre volantes de blonda;
la mayor abre sus ojos
y la menor los entorna.
¿Quién serán aquellas tres
de alto pecho y larga cola?
¿Por qué agitan los pañuelos?
¿Adónde irán a estas horas?
Granada, calle de Elvira,
donde viven las manolas,
las que se van a la Alhambra,
las tres y las cuatro solas.

MANOLA 1ª —Deja que el rumor extienda
sobre Granada sus olas.

MANOLA 2ª —¿Tenemos novio?

ROSITA —Ninguna.

MANOLA 2ª —¿Digo la verdad?

ROSITA —Sí, toda.

MANOLA 3ª —Encajes de escarcha tienen
nuestras camisas de novia.

ROSITA —Pero...

MANOLA 1ª —La noche nos gusta.

ROSITA —Pero...

MANOLA 2ª —Por calles de sombra.

MANOLA 1ª — Nos subimos a la Alhambra
las tres y las cuatro solas.

MANOLA 3ª — ¡Ay!

MANOLA 2ª — Calla.

MANOLA 3ª — ¿Por qué?

MANOLA 2ª — ¡Ay!

MANOLA 1ª — ¡Ay, sin que nadie lo oiga!

ROSITA — Alhambra, jazmín de pena
donde la luna reposa.

AMA — Niña, tu tía te llama. *(Muy triste).*

ROSITA — ¿Has llorado?

AMA *(conteniéndose).* — No... Es que tengo así, una cosa que...

ROSITA — No me asustes. ¿Qué pasa? *(Entra rápida, mirando hacia el* Ama. *Cuando entra* Rosita, *el* Ama *rompe a llorar en silencio).*

MANOLA 1ª *(en voz alta).* — ¿Qué ocurre?

MANOLA 2ª — Dinos.

AMA — Callad.

MANOLA 3ª *(en voz baja).* — ¿Malas noticias?

(El Ama *las lleva a la puerta y mira por donde salió* Rosita*).*

AMA — ¡Ahora se lo está diciendo!

(Pausa, en que todas oyen).

MANOLA 1ª — Rosita está llorando, vamos a entrar.

AMA —Venid y os contaré. ¡Dejadla ahora! Podéis salir por el postigo.

(Salen. Queda la escena sola. Un piano lejísimo toca un estudio de Cerny. Pausa. Entra el Primo *y al llegar al centro de la habitación se detiene porque entra* Rosita. *Quedan los dos mirándose frente a frente. El* Primo *avanza. La enlaza por el talle. Ella inclina la cabeza sobre su hombro).*

ROSITA —¿Por qué tus ojos traidores
con los míos se fundieron?
¿Por qué tus manos tejieron,
sobre mi cabeza, flores?
¡Qué luto de ruiseñores
dejas a mi juventud,
pues, siendo norte y salud
tu figura y tu presencia,
rompes con tu cruel ausencia
las cuerdas de mi laúd!

PRIMO *(la lleva a un "bis a bis" y se sientan).*
—¡Ay, prima, tesoro mío!,
ruiseñor en la nevada,
deja tu boca cerrada
al imaginario frío;
no es de hielo mi desvío,
que, aunque atraviese la mar,
el agua me ha de prestar
nardos de espuma y sosiego
para contener mi fuego
cuando me vaya a quemar.

ROSITA —Una noche, adormilada
en mi balcón de jazmines,
vi bajar dos querubines
a una rosa enamorada;

ella se puso encarnada,
siendo blanco su color;
pero, como tierna flor,
sus pétalos encendidos
se fueron cayendo heridos
por el beso del amor.
Así yo, primo, inocente,
en mi jardín de arrayanes
daba al aire mis afanes
y mi blancura a la fuente.
Tierna gacela imprudente
alcé los ojos, te vi
y en mi corazón sentí
agujas estremecidas
que me están abriendo heridas
rojas como el alhelí.

PRIMO —He de volver, prima mía,
para llevarte a mi lado
en barco de oro cuajado
con las velas de alegría;
luz y sombra, noche y día,
sólo pensaré en quererte.

ROSITA —Pero el veneno que vierte
amor, sobre el alma sola,
tejerá con tierra y ola
el vestido de mi muerte.

PRIMO —Cuando mi caballo lento
coma tallos con rocío,
cuando la niebla del río
empañe el muro del viento,
cuando el verano violento
ponga el llano carmesí
y la escarcha deje en mí
alfileres de lucero,
te digo, porque te quiero,
que me moriré por ti.

ROSITA — Yo ansío verte llegar
una tarde por Granada
con toda la luz salada
por la nostalgia del mar;
amarillo limonar,
jazminero desangrado,
por las piedras enredado
impedirán tu camino,
y nardos en remolino
pondrán loco mi tejado.
Volverás.

PRIMO — Sí. ¡Volveré!

ROSITA — ¿Qué paloma iluminada
me anunciará tu llegada?

PRIMO — El palomo de mi fe.

ROSITA — Mira que yo bordaré
sábanas para los dos.

PRIMO — Por los diamantes de Dios
y el clavel de su costado,
juro que vendré a tu lado.

ROSITA — ¡Adiós, primo!

PRIMO — ¡Prima, adiós!

(Se abrazan en el "bis a bis". Lejos se oye el piano. El Primo *sale.* Rosita *queda llorando. Aparece el* Tío *que cruza la escena hacia el invernadero. Al ver a su* Tío, Rosita *coge el libro de las rosas que está al alcance de su mano).*

TIO — ¿Qué hacías?

ROSITA — Nada.

TIO — ¿Estabas leyendo?

ROSITA — Sí. *(Sale el* Tío *leyendo).*
Cuando se abre en la mañana
roja como sangre está;
el rocío no la toca
porque se teme quemar.
Abierta en el mediodía
es dura como el coral.
El sol se asoma a los vidrios
para verla relumbrar.
Cuando en las ramas empiezan
los pájaros a cantar
y se desmaya la tarde
en las violetas del mar,
se pone blanca, con blanco
de una mejilla de sal.
Y cuando toca la noche
blando cuerno de metal
y las estrellas avanzan
mientras los aires se van,
en la raya de lo oscuro
se comienza a deshojar.

TELON

ACTO SEGUNDO

(Salón de la casa de Doña Rosita. *Al fondo, el jardín).*

EL SEÑOR X —Pues yo siempre seré de este siglo.

TIO —El siglo que acabamos de empezar será un siglo materialista.

EL SEÑOR X —Pero de mucho más adelanto que el que se fue. Mi amigo, el señor Longoria, de Madrid, acaba de comprar un automóvil con el que se lanza a la fantástica velocidad de treinta kilómetros por hora; y el Sha de Persia, que por cierto es un hombre muy agradable, ha comprado también un Panhard Levasson de 24 caballos.

TIO —Y digo yo: ¿adónde van con tanta prisa? Ya ve usted lo que ha pasado en la carrera París-Madrid, que ha habido que suspenderla, porque antes de llegar a Burdeos se mataron todos los corredores.

EL SEÑOR X —El conde Zboronsky, muerto en el accidente, y Marcel Renault, o Renol, que de ambas maneras suele y puede decirse, muerto también en el accidente, son mártires de la ciencia, que serán puestos en los altares el día en que venga la religión de lo positivo. A Renol lo conocí bastante. ¡Pobre Marcelo!

TIO — No me convencerá usted. *(Se sienta).*

EL SEÑOR X *(con el pie puesto en la silla y jugando con el bastón).*

— Superlativamente; aunque un catedrático de Economía Política no puede discutir con un cultivador de rosas. Pero hoy día, créame usted, no privan los quietismos ni las ideas *oscurantistas.* Hoy día se abren camino un Juan Bautista Sai o Sé, que de ambas maneras suele y puede decirse, o un conde León Tolstuá, vulgo Tolstoi, tan galán en la forma como profundo en el concepto. Yo me siento en la Polis viviente; no soy partidario de la Natura Naturata.

TIO — Cada uno vive como puede o como sabe en esta vida diaria.

EL SEÑOR X — Está entendido, la tierra es un planeta mediocre, pero hay que ayudar a la civilización. Si Santos Dumont, en vez de estudiar meteorología comparada, se hubiera dedicado a cuidar rosas, el aeróstato dirigible estaría en el seno de Brahma.

TIO *(disgustado).* — La botánica también es una ciencia.

EL SEÑOR X *(despectivo).* — Sí, pero aplicada: para estudiar jugos de la Anthemis olorosa, o el ruibarbo, o la enorme pulsátila, o el narcótico de la Datura Stramonium.

TIO (*ingenuo*). —¿Le interesan a usted esas plantas?

EL SEÑOR X —No tengo el suficiente volumen de experiencia sobre ellas. Me interesa la cultura, que es distinto. ¡Voilá! (*Pausa*). ¿Y... Rosita?

TIO —¿Rosita? (*Pausa. En alta voz*). ¡Rosita...!

VOZ (*dentro*). —No está.

TIO —No está.

EL SEÑOR X — Lo siento.

TIO —Yo también. Como es su santo, habrá salido a rezar los cuarenta credos.

EL SEÑOR X —Le entrega usted de mi parte este pendentif. Es una torre Eiffel de nácar sobre dos palomas que llevan en sus picos la rueda de la industria.

TIO —Lo agradecerá mucho.

EL SEÑOR X —Estuve por haberle traído un cañoncito de plata por cuyo agujero se veía la Virgen de Lurdes, o Lourdes, o una hebilla para el cinturón hecha con una serpiente y cuatro libélulas, pero preferí lo primero por ser de más gusto.

TIO —Gracias.

EL SEÑOR X —Encantado de su favorable acogida.

TIO —Gracias.

EL SEÑOR X —Póngame a los pies de su señora esposa.

TIO —Muchas gracias.

EL SEÑOR X —Póngame a los pies de su encantadora sobrina, a la que deseo venturas en su celebrado onomástico.

TIO —Mil gracias.

EL SEÑOR X — Considéreme seguro servidor suyo.

TIO — Un millón de gracias.

EL SEÑOR X — Vuelvo a repetir...

TIO — Gracias, gracias, gracias.

EL SEÑOR X — Hasta siempre. *(Se va).*

TIO *(a voces).* — Gracias, gracias, gracias.

AMA *(sale riendo).* — No sé cómo tiene usted paciencia. Con este señor y con el otro, don Confusio Montes de Oca, bautizado en la logia número cuarenta y tres, va a arder la casa un día.

TIO — Te he dicho que no me gusta que escuches las conversaciones.

AMA — Eso se llama ser desagradecido. Estaba detrás de la puerta, sí señor, pero no era para oír, sino para poner una escoba boca arriba y que el señor se fuera.

TIA — ¿Se fue ya?

TIO — Ya. *(Entra).*

AMA — ¿También éste pretende a Rosita?

TIA — Pero ¿por qué hablas de pretendientes? ¡No conoces a Rosita!

AMA — Pero conozco a los pretendientes.

TIA — Mi sobrina está comprometida.

AMA — No me haga usted hablar, no me haga usted hablar, no me haga usted hablar, no me haga usted hablar.

TIA — Pues cállate.

AMA — ¿A usted le parece bien que un hombre se vaya y deje quince años plantada a una mujer que es la flor de la manteca? Ella debe casarse. Ya me duelen las manos de guardar mantelerías de encaje de Marsella y juegos de cama adornados de guipure y caminos de mesa y cubrecamas de gasa con flores de realce. Es que ya debe usarlos y romperlos, pero ella no se da cuenta de cómo pasa el tiempo. Tendrá el pelo de plata y todavía estará cosiendo cintas de raso liberti en los volantes de su camisa de novia.

TIA — ¿Pero por qué te metes en lo que no te importa?

AMA *(con asombro).* — Pero si no me meto, es que estoy metida.

TIA — Yo estoy segura de que ella es feliz.

AMA — Se lo figura. Ayer me tuvo todo el día acompañándola en la puerta del circo, porque se empeñó en que uno de los titiriteros se parecía a su primo.

TIA — ¿Y se parecía realmente?

AMA — Era hermoso como un novicio cuando sale a cantar la primera misa, pero ya quisiera su sobrino tener aquel talle, aquel cuello de nácar y aquel bigote. No se parecía nada. En la familia de ustedes no hay hombres guapos.

TIA — ¡Gracias, mujer!

AMA — Son todos bajos y un poquito caídos de hombros.

TIA — ¡Vaya!

AMA — Es la pura verdad, señora. Lo que pasó es que a Rosita le gustó el saltimbanqui, como me gustó a mí y como le gustaría a usted. Peo ella lo achaca todo al otro. A veces me gustaría tirarle un zapato a la cabeza. Porque de tanto mirar al cielo se le van a poner los ojos de vaca.

TIA — Bueno: y punto final. Bien está que la zafia hable, pero que no ladre.

AMA — No me echará usted en cara que no la quiero.

TIA — A veces me parece que no.

AMA — El pan me quitaría de la boca y la sangre de mis venas, si ella me los deseara.

TIA *(fuerte)*. — ¡Pico de falsa miel! ¡Palabras!

AMA *(fuerte)*. — ¡Y hechos! Lo tengo demostrado, ¡y hechos! La quiero más que usted.

TIA — Eso es mentira.

AMA *(fuerte)*. — ¡Eso es verdad!

TIA — ¡No me levantes la voz!

AMA *(alto)*. — Para eso tengo la campanilla de la lengua.

TIA — ¡Cállate, mal educada!

AMA — Cuarenta años llevo al lado de usted.

TIA *(casi llorando)*. — ¡Queda usted despedida!

AMA *(fortísimo)*. — ¡Gracias a Dios que la voy a perder de vista!

TIA (*llorando*). —¡A la calle inmediatamente!

AMA (*rompiendo a llorar*). —¡A la calle! (*Se dirige llorando a la puerta y al entrar se le cae un objeto. Las dos están llorando. Pausa*).

TIA (*limpiándose las lágrimas y dulcemente*). —¿Qué se te ha caído?

AMA (*llorando*). —Un portatermómetro, estilo Luis XV.

TIA —¿Sí?

AMA —Sí, señora. (*Lloran*).

TIA —¿A ver?

AMA —Para el santo de Rosita. (*Se acercan*).

TIA (*sorbiendo*). —Es una preciosidad.

AMA (*con voz de llanto*). —En medio del terciopelo hay una fuente hecha con caracoles de verdad; sobre la fuente una glorieta de alambre con rosas verdes; el agua de la taza es un grupo de lentejuelas azules y el surtidor es el propio termómetro. Los charcos que hay alrededor están pintados al aceite y encima de ellos bebe un ruiseñor todo bordado con hilo de oro. Yo quise que tuviera cuerda y cantara, pero no pudo ser.

TIA —No pudo ser.

AMA —Pero no hace falta que cante. En el jardín los tenemos vivos.

TIA — Es verdad. *(Pausa)*. ¿Para qué te has metido en esto?

AMA *(llorando)*. — Yo doy todo lo que tengo por Rosita.

TIA — ¡Es que tú la quieres como nadie!

AMA — Pero después que usted.

TIA — No. Tú le has dado tu sangre.

AMA — Usted le ha sacrificado su vida.

TIA — Peo yo lo he hecho por deber y tú por generosidad.

AMA *(más fuerte)*. — ¡No diga usted eso!

TIA — Tú has demostrado quererla más que nadie.

AMA — Yo he hecho lo que haría cualquiera en mi caso. Una criada. Ustedes me pagan y yo sirvo.

TIA — Siempre te hemos considerado como de la familia.

AMA — Una humilde criada que da lo que tiene y nada más.

TIA — ¿Pero me vas a decir que nada más?

AMA — ¿Y soy otra cosa?

TIA *(irritada)*. — Eso no lo puedes decir aquí. Me voy por no oírte.

AMA *(irritada)*. — Y yo también.

(Salen rápidas una por cada puerta. Al salir la Tía *se tropieza con el* Tío).

TIO —De tanto vivir juntas, los encajes se os hacen espinas.

TIA —Es que quiere salirse siempre con la suya.

TIO —No me expliques, ya me lo sé todo de memoria... Y sin embargo no puedes estar sin ella. Ayer oí cómo le explicabas con todo detalle nuestra cuenta corriente en el Banco. No te sabes quedar en tu sitio. No me parece conversación lo más a propósito para una criada.

TIA —Ella no es una criada.

TIO *(con dulzura).* —Basta, basta, no quiero llevarte la contraria.

TIA —¿Pero es que conmigo no se puede hablar?

TIO —Se puede, pero yo prefiero callarme.

TIA —Aunque te quedes con tus palabras de reproche.

TIO —¿Para qué voy a decir nada a estas alturas? Por no discutir soy capaz de hacerme la cama, de limpiar mis trajes con jabón de palo y cambiar las alfombras de mi habitación.

TIA —No es justo que te des ese aire de hombre superior y mal servido, cuando todo en esta casa está supeditado a tu comodidad y a tus gustos.

TIO *(dulce).* —Al contrario, hija.

TIA *(seria).* —Completamente. En vez de hacer encajes, podo las plantas. ¿Qué haces tú por mí?

TIO — Perdona. Llega un momento en que las personas que viven juntas muchos años hacen motivo de disgusto y de inquietud las cosas más pequeñas, para poner intensidad y afanes en lo que está definitivamente muerto. Con veinte años no teníamos estas conversaciones.

TIA — No. Con veinte años se rompían los cristales...

TIO — Y el frío era un juguete en nuestras manos.

(Aparece Rosita. *Viene vestida de rosa. Ya la moda ha cambiado de mangas de jamón a 1900. Falda en forma de campanela. Atraviesa la escena, rápida, con unas tijeras en la mano. En el centro, se para).*

ROSITA — ¿Ha llegado el cartero?

TIO — ¿Ha llegado?

TIA — No sé. *(A voces).* ¿Ha llegado el cartero? *(Pausa).* No, todavía no.

ROSITA — Siempre pasa a estas horas.

TIO — Hace rato debió llegar.

TIA — Es que muchas veces se entretiene.

ROSITA — El otro día me lo encontré jugando al uni-uni-doli-doli con tres chicos y todo el montón de cartas en el suelo.

TIA — Ya vendrá.

ROSITA — Avisadme. *(Sale rápida).*

TIO —¿Pero dónde vas con esas tijeras?

ROSITA —Voy a cortar unas rosas.

TIO *(asombrado)*. —¿Cómo? ¿Y quién te ha dado permiso?

TIA —Yo. Es el día de su santo.

ROSITA —Quiero poner en las jardineras y en el florero de la entrada.

TIO —Cada vez que cortáis una rosa es como si me cortáseis un dedo. Ya sé que es igual. *(Mirando a su mujer)*. No quiero discutir. Sé que duran poco. (*Entra el* Ama). Así lo dice el vals de las rosas, que es una de las composiciones más bonitas de estos tiempos, pero no puedo reprimir el disgusto que me produce verlas en los búcaros. *(Sale de escena)*.

ROSITA (*al* Ama). —¿Vino el correo?

AMA —Pues para lo único que sirven las rosas es para adornar las habitaciones.

ROSITA *(irritada)*. —Te he preguntado si ha venido el correo.

AMA *(irritada)*. —¿Es que me guardo yo las cartas cuando vienen?

TIA —Anda, corta las flores.

ROSITA —Para todo hay en esta casa una gotita de acíbar.

AMA —Nos encontramos el rejalgar por los rincones. *(Sale de escena)*.

TIA —¿Estás contenta?

ROSITA — No sé.

TIA — ¿Y eso?

ROSITA — Cuando no veo la gente estoy contenta, pero cuando la tengo que ver...

TIA — ¡Claro! No me gusta la vida que llevas. Tu novio no te exige que seas hurona. Siempre me dice en las cartas que salgas.

ROSITA — Pero es que en la calle noto cómo pasa el tiempo y no quiero perder las ilusiones. Ya han hecho otra casa nueva en la placera. No quiero enterarme de cómo pasa el tiempo.

TIA — ¡Claro! Muchas veces te he aconsejado que escribas a tu primo y te cases aquí con otro. Tú eres alegre. Yo sé que hay muchachos y hombres maduros enamorados de ti.

ROSITA — ¡Pero, tía! Tengo las raíces muy hondas, muy bien hincadas en mi sentimiento. Si no viera a la gente, me creería que hace una semana que se marchó. Yo espero como el primer día. Además, ¿qué es un año, ni dos, ni cinco? *(Suena una campanilla).* El correo.

TIA — ¿Qué te habrá mandado?

AMA *(entrando en escena).* — Ahí están las solteronas cursilonas.

TIA — ¡María Santísima!

ROSITA — Que pasen.

AMA —La madre y las tres niñas. Lujo por fuera y para la boca unas malas migas de maíz. ¡Qué azotazo en el... les daba...! *(Sale de escena. Entran las tres cursilonas y su mamá. Las tres solteronas vienen con inmensos sombreros de plumas malas, trajes exageradísimos, guantes hasta el codo con pulseras encima y abanicos pendientes de largas cadenas. La madre viste de negro pardo con un sombrero de viejas cintas moradas).*

MADRE —Felicidades. *(Se besan).*

ROSITA —Gracias. *(Besa a las solteronas).* ¡Amor! ¡Caridad! ¡Clemencia!

SOLTERONA 1ª —Felicidades.

SOLTERONA 2ª —Felicidades.

SOLTERONA 3ª —Felicidades.

TIA *(a la* Madre*).* —¿Cómo van esos pies?

MADRE —Cada vez peor. Si no fuera por éstas, estaría siempre en casa. *(Se sientan).*

TIA —¿No se da usted las friegas con alhucemas?

SOLTERONA 1ª —Todas las noches.

SOLTERONA 2ª —Y el cocimiento de malvas.

TIA —No hay reuma que resista. *(Pausa)*

MADRE —¿Y su esposo?

TIA —Está bien, gracias. *(Pausa).*

MADRE — Con sus rosas.

TIA — Con sus rosas.

SOLTERONA 3ª — ¡Qué bonitas son las flores!

SOLTERONA 2ª — Nosotras tenemos en una maceta un rosal de San Francisco.

ROSITA — Pero las rosas de San Francisco no huelen.

SOLTERONA 1ª — Muy poco.

MADRE — A mí lo que más me gusta son las celindas.

SOLTERONA 3ª — Las violetas son también preciosas. *(Pausa).*

MADRE — Niñas, ¿habéis traído la tarjeta?

SOLTERONA 3ª — Sí. Es una niña vestida de rosa, que al mismo tiempo es barómetro. El fraile con la capucha está ya muy visto. Según la humedad, las faldas de la niña, que son de papel finísimo, se abren o se cierran.

ROSITA *(leyendo).*

Una mañana en el campo
cantaban los ruiseñores
y en su cántico decían:
Rosita, de las mejores.

—¿Para qué se han molestado ustedes?

TIA — Es de mucho gusto.

MADRE — ¡Gusto no me falta, lo que me falta es dinero!

SOLTERONA 1ª — ¡Mamá...!

SOLTERONA 2ª — ¡Mamá...!

SOLTERONA 3ª — ¡Mamá...!

MADRE — Hijas, aquí tengo confianza. No nos oye nadie. Pero usted lo sabe muy bien: desde que faltó mi pobre marido hago verdaderos milagros para administrar la pensión que nos queda. Todavía me parece oír al padre de estas hijas, cuando, generoso y caballero como era, me decía: "Enriqueta, gasta, gasta, que ya gano setenta duros"; ¡pero aquellos tiempos pasaron! A pesar de todo, nosotras no hemos descendido de clase. ¡Y qué angustias he pasado, señora, para que estas hijas puedan seguir usando sombrero! ¡Cuántas lágrimas, cuántas tristezas, por una cinta o un grupo de bucles! Esas plumas y esos alambres me tienen costado muchas noches en vela.

SOLTERONA 3ª — ¡Mamá...!

MADRE — Es la verdad, hija mía. No nos podemos extralimitar lo más mínimo. Muchas veces les pregunto: ¿qué queréis, hijas de mi alma: huevo en el almuerzo o silla en el paseo? Y ellas me responden las tres a la vez: "sillas".

SOLTERONA 3ª — Mamá, no comentes más esto. Todo Granada lo sabe.

MADRE — Claro, ¿qué van a contestar? Y allá nos vamos con unas patatas y un racimo de uvas, pero con capa de mongolia o sombrilla pintada o blusa de popelinette, con todos los detalles. Porque no hay más remedio. ¡Pero a mí me cuesta la vida! Y se me llenan los ojos de lágrimas cuando las veo alternar con las que pueden.

SOLTERONA 2ª —¿No vas ahora a la Alameda, Rosita?

ROSITA —No.

SOLTERONA 3ª —Allí nos reunimos siempre con las de Ponce de León, con las de Herrasti y con las de la Baronesa de Santa Matilde de la Bendición Papal. Lo mejor de Granada.

MADRE —¡Claro! Estuvieron juntas en el Colegio de la Puerta del Cielo. *(Pausa).*

TIA *(levantándose).* —Tomarán ustedes algo. *(Se levantan todas).*

MADRE —No hay manos como las de usted para el piñonate y el pastel de gloria.

SOLTERONA 1ª *(a* Rosita). —¿Tienes noticias?

ROSITA —El último correo me prometía novedades. Veremos a ver éste.

SOLTERONA 3ª —¿Has terminado el juego de encaje valenciennes?

ROSITA —¡Toma! Ya he hecho otro de nansú con mariposas a la aguada.

SOLTERONA 2ª —El día que te cases vas a llevar el mejor ajuar del mundo.

ROSITA —¡Ay, yo pienso que todo es poco! Dicen que los hombres se cansan de una si la ven siempre con el mismo vestido.

AMA (*entrando*). —Ahí están las de Ayola, el fotógrafo.

TIA —Las señoritas de Ayola, querrás decir.

AMA —Ahí están las señoronas por todo lo alto de Ayola, fotógrafo de Su Majestad y medalla de oro en la exposición de Madrid. (*Sale*).

TIA —Hay que aguantarla; pero a veces me crispa los nervios. (*Las solteronas están con* Rosita *viendo unos paños*). Están imposibles.

MADRE —Envalentonadas. Yo tengo una muchacha que nos arregla el piso por las tardes; ganaba lo que han ganado siempre: una peseta al mes y las sobras, que ya está bien en estos tiempos; pues el otro día se nos descolgó diciendo que quería un duro, ¡y yo no puedo!

TIA —No sé dónde vamos a parar. (*Entran las niñas de* Ayola, *que saludan a* Rosita *con alegría. Vienen con la moda exageradísima de la época y ricamente vestidas*).

ROSITA —¿No se conocen ustedes?

AYOLA 1ª —De vista.

ROSITA —Las señoritas de Ayola, la señora y señoritas de Escarpini.

AYOLA 2ª —Ya las vemos sentadas en sus sillas del paseo. (*Disimulan la risa*).

ROSITA — Tomen asiento. (*Se sientan las solteronas*).

TIA (*a las de Ayola*). —¿Queréis un dulcecito?

AYOLA 2ª — No; hemos comido hace poco. Por cierto que yo tomé cuatro huevos con picadillo de tomate, y casi no me podía levantar de la silla.

AYOLA 1ª — ¡Qué graciosa! (*Ríen. Pausa. Las* Ayola *inician una risa incontenible que se comunica a* Rosita, *que hace esfuerzos por contenerlas. Las* Cursilonas *y su* Madre *están serias. Pausa*).

TIA — ¡Qué criaturas!

MADRE — ¡La juventud!

TIA — Es la edad dichosa.

ROSITA (*andando por la escena como arreglando cosas*). —Por favor, callarse.

(*Se callan*).

TIA (*a* Solterona 3ª). —¿Y ese piano?

SOLTERONA 3ª — Ahora estudio poco. Tengo muchas labores que hacer.

ROSITA — Hace mucho tiempo que no te he oído.

MADRE — Si no fuera por mí, ya se le habrían engarabitado los dedos. Pero siempre estoy con el tole tole.

SOLTERONA 2ª — Desde que murió el pobre papá no tiene ganas. ¡Como a él le gustaba tanto!

SOLTERONA 3ª — Me acuerdo que algunas veces se le caían las lágrimas.

SOLTERONA 1ª — Cuando tocaba la tarantela de Popper.

SOLTERONA 2ª — Y la plegaria de la Virgen.

MADRE — ¡Tenía mucho corazón! (*Las Ayola, que han estado conteniendo la risa, rompen a reír en grandes carcajadas.* Rosita, *vuelta de espaldas a las solteronas, ríe también, pero se domina).*

TIA — ¡Qué chiquillas!

AYOLA 1ª — Nos reímos porque antes de entrar aquí...

AYOLA 2ª — Tropezó ésta y estuvo a punto de dar la vuelta de campana...

AYOLA 1ª — Y yo... (*Ríen. Las solteronas inician una leve risa fingida con un matiz cansado y triste).*

MADRE — ¡Ya nos vamos!

TIA — De ninguna manera.

ROSITA (*a todas).* — ¡Pues celebremos que no te hayas caído! Ama, trae los huesos de Santa Catalina.

SOLTERONA 3ª — ¡Qué ricos son!

MADRE — El año pasado nos regalaron a nosotras medio kilo. (*Entra el* Ama *con los huesos).*

AMA — Bocados para gente fina. (*A* Rosita). Ya viene el correo por los alamillos.

ROSITA — ¡Espéralo en la puerta!

AYOLA 1ª — Yo no quiero comer. Prefiero una palomilla de anís.

AYOLA 2ª — Y yo de agraz.

ROSITA — ¡Tú siempre tan borrachilla!

AYOLA 1ª — Cuando yo tenía seis años venía aquí y el novio de Rosita me acostumbró a beberlas. ¿No recuerdas, Rosita?

ROSITA (*seria*). — ¡No!

AYOLA 2ª — A mí, Rosita y su novio me enseñaban las letras B-C-D... ¿Cuánto tiempo hace de esto?

TIA — ¡Quince años!

AYOLA 1ª — A mí, casi, casi, se me ha olvidado la cara de tu novio.

AYOLA 2ª — ¿No tenía una cicatriz en el labio?

ROSITA — ¿Una cicatriz? Tía, ¿tenía una cicatriz?

TIA — ¿Pero no te acuerdas, hija? Era lo único que le afeaba un poco.

ROSITA — Pero no era una cicatriz, era una quemadura, un poquito rosada. Las cicatrices son hondas.

AYOLA 1ª — ¡Tengo una gana de que Rosita se case!

ROSITA — ¡Por Dios!

AYOLA 2ª — Nada de tonterías. ¡Yo también!

ROSITA — ¿Por qué?

AYOLA 1ª —Para ir a una boda. En cuanto yo pueda me caso.

TIA —¡Niña!

AYOLA 1ª —Con quien sea, pero no me quiero quedar soltera.

AYOLA 2ª —Yo pienso igual.

TIA *(a la* Madre). —¿Qué le parece a usted?

AYOLA 1ª —¡Ay! ¡Y si soy amiga de Rosita es porque sé que tiene novio! Las mujeres sin novio están pochas, recocidas y todas ellas... *(Al ver a las solteronas)* bueno, todas no, algunas de ellas... En fin, ¡todas están rabiadas!

TIA —¡Ea! Ya está bien.

MADRE —Déjela.

SOLTERONA 1ª —Hay muchas que no se casan porque no quieren.

AYOLA 2ª —Eso no lo creo yo.

SOLTERONA 1ª *(con intención).* —Lo sé muy cierto.

AYOLA 2ª —La que no se quiere casar, deja de echarse polvos y ponerse postizos debajo de la pechera, y no se está día y noche en las barandillas del balcón atisbando la gente.

SOLTERONA 2ª —¡Le puede gustar tomar el aire!

ROSITA —Pero ¡qué discusión más tonta! *(Ríen forzosamente).*

TIA — Bueno. ¿Por qué no tocamos un poquito?

MADRE — ¡Anda, niña!

SOLTERONA 3ª (*levantándose*). — Pero ¿qué toco?

AYOLA 2ª — Toca "¡Viva Frascuelo!".

SOLTERONA 2ª — La barcarola de "La Fragata Numancia".

ROSITA — ¿Y por qué no "Lo que dicen las flores"?

MADRE — ¡Ah, sí, "Lo que dicen las flores"! (*A la* Tía). ¿No la ha oído usted? Habla y toca al mismo tiempo. ¡Una preciosidad!

SOLTERONA 3ª — También puedo decir: "Volverán las oscuras golondrinas, de tu balcón los nidos a colgar".

AYOLA 1ª — Eso es muy triste.

SOLTERONA 1ª — Lo triste es bonito también.

TIA — ¡Vamos! ¡Vamos!

SOLTERONA 3ª (*en el piano*)

Madre, llévame a los campos
con la luz de la mañana
a ver abrirse las flores
cuando se mecen las ramas.
Mil flores dicen mil cosas
para mil enamoradas,
y la fuente está contando
lo que el ruiseñor se calla.

ROSITA
Abierta estaba la rosa
con la luz de la mañana;
tan roja de sangre tierna,
que el rocío se alejaba;
tan caliente sobre el tallo,
que la brisa se quemaba;
¡tan alta!, ¡cómo reluce!
¡Abierta estaba!

SOLTERONA 3ª
"Sólo en ti pongo mis ojos"
—el heliotropo expresaba—.
"Yo te querré mientras viva",
dice la flor de la albahaca.
"Soy tímida", la violeta.
"Soy fría", la rosa blanca.
Dice el jazmín: "Seré fiel",
y el clavel: "¡Apasionada!".

SOLTERONA 2ª
El jacinto es la amargura;
el dolor, la pasionaria.

SOLTERONA 1ª
El jaramago, el desprecio,
y los lirios, la esperanza.

TIA
Dice el nardo: "Soy tu amigo".
"Creo en ti", la pasionaria.
La madreselva te mece,
la siempreviva te mata.

MADRE
Siempreviva de la muerte,
flor de las manos cruzadas;
¡qué bien estás cuando el aire
llora sobre tu guirnalda!

ROSITA
Abierta estaba la rosa,
pero la tarde llegaba,
y un rumor de nieve triste
le fue pesando las ramas;
cuando la sombra volvía,
cuando el ruiseñor cantaba,

como una muerta de pena
se puso transida y blanca;
y cuando la noche, grande
cuerno de metal sonaba
y los vientos enlazados
dormían en la montaña,
se deshojó suspirando
por los cristales del alba.

SOLTERONA 3ª Sobre tu largo cabello
gimen las flores cortadas.
Unas llevan puñalitos,
otras fuego y otras agua.

SOLTERONA 1ª Las flores tienen su lengua
para las enamoradas.

ROSITA Son celos el carambuco;
desdén esquivo la dalia;
suspiros de amor el nardo,
risa la gala de Francia.
Las amarillas son odio;
el furor, las escarnadas;
las blancas son casamiento
y las azules, mortaja.

SOLTERONA 3ª Madre, llévame a los campos
con la luz de la mañana
a ver abrirse las flores
cuando se mecen las ramas.

(El piano hace la última escala y se para).

TIA —¡Ay, qué preciosidad!

MADRE —Saben también el lenguaje del abanico, el lenguaje de los guantes, el lenguaje de los sellos y el lenguaje de las horas. A mí se me pone la carne de gallina cuando dicen aquello:

Las doce dan sobre el mundo
con horrísono rigor;
de la hora de tu muerte
acuérdate, pecador.

AYOLA 1ª *(con la boca llena de dulce).* —¡Qué cosa más fea!

MADRE —Y cuando dicen:
A la una nacemos,
la ra la, la,
y este nacer
la, la, ran,
es como abrir los ojos,
lan,
en un vergel,
vergel, vergel.

AYOLA 2ª *(a su hermana).* —Me parece que la vieja ha empinado el codo. *(A la* Madre). ¿Quiere otra copita?

MADRE —Con sumo gusto y fina voluntad, como se decía en mi época.
(Rosita *ha estado espiando la llegada del correo).*

AMA —¡El correo! *(Algazara general).*

TIA —Y ha llegado justo.

SOLTERONA 3ª —Ha tenido que contar los días para que llegue hoy.

MADRE —¡Es una fineza!

AYOLA 2ª —¡Abre la carta!

AYOLA 1ª —Más discreto es que la leas tú sola, porque a lo mejor te dice algo verde.

MADRE — ¡Jesús!

(Sale Rosita *con la carta).*

AYOLA 1ª — Una carta de un novio no es un devocionario.

SOLTERONA 3ª — Es un devocionario de amor.

AYOLA 2ª — ¡Ay, qué finoda! *(Ríen las* Ayola).

AYOLA 1ª — Se conoce que no ha recibido ninguna.

MADRE *(fuerte).* — ¡Afortunadamente para ella!

AYOLA 1ª — Con su pan se lo coma.

TIA *(al* Ama *que se va a entrar con* Rosita). — ¿Dónde vas tú?

AMA — ¿Es que no puedo dar un paso?

TIA — ¡Déjala a ella!

ROSITA *(Saliendo).* — ¡Tía! ¡Tía!

TIA — Hija, ¿qué pasa?

ROSITA *(con agitación).* — ¡Ay, tía!

AYOLA 1ª — ¿Qué?

SOLTERONA 3ª — ¡Dinos!

AYOLA 2ª — ¿Qué?

AMA — ¡Habla!

TIA — ¡Rompe!

MADRE — ¡Un vaso de agua!

AYOLA 1ª — ¡Venga!

AYOLA 2ª — Pronto. *(Algazara).*

ROSITA *(con voz ahogada).* — Que se casa... *(Espanto en todos).* Que se casa conmigo, porque ya no puede más, pero que.

AYOLA 2ª *(abrazándola).* — ¡Olé! ¡Qué alegría!

AYOLA 1ª — ¡Un abrazo!

TIA — Dejadla hablar.

ROSITA *(más calmada).* — Pero como le es imposible venir por ahora, la boda será por poderes y luego vendrá él.

SOLTERONA 1ª — ¡Enhorabuena!

MADRE *(casi llorando).* — ¡Dios te haga lo feliz que mereces! *(La abraza).*

AMA — Buenò, y "poderes", ¿qué es?

ROSITA — Nada. Una persona representa al novio en la ceremonia.

AMA — ¿Y qué más?

ROSITA — ¡Que está una casada!

AMA — Y por la noche, ¿qué?

ROSITA — ¡Por Dios!

AYOLA 1ª — Muy bien dicho. Y por la noche, ¿qué?

TIA — ¡Niñas!

AMA — ¡Que venga en persona y se case! ¡"Poderes"! No lo he oído decir nunca. La cama y sus pinturas, temblando de frío, y la camisa de novia en lo más oscuro del baúl. Señora, no deje usted que los "Poderes" entren en esta casa. *(Ríen todos).* ¡Señora, que yo no quiero "Poderes"!

ROSITA — Pero él vendrá pronto. ¡Esto es una prueba más de lo que me quiere!

AMA — ¡Eso! ¡Que venga! Y que te coja del brazo y que menee el ázúcar de tu café y lo pruebe antes a ver si quema. *(Risas. Aparece el* Tío *con una rosa).*

ROSITA — ¡Tío!

TIO — Lo he oído todo, y casi sin darme cuenta he cortado la única rosa mudable que tenía en mi invernadero. Todavía estaba roja,

abierta en el mediodía
es roja como el coral.

ROSITA El sol se asoma a los vidrios,
para verla relumbrar.

TIA — Si hubiera tardado dos horas más en cortarla, te la hubiese dado blanca.

ROSITA Blanca como la paloma,
como la brisa del mar;
blanca con el blanco frío
de una mejilla de sal.

TIO — Pero todavía, todavía tiene la brasa de su juventud.

TIA —Bebe conmigo una copita, hombre. Hoy es día de que lo hagas.

(Algazara. La Solterona 3ª *se sienta al piano y toca una polka.* Rosita *está mirando la rosa. Las* Solteronas 2ª *y* 1ª *bailan con las* Ayola *y cantan).*

Porque mujer te vi,
a la orilla del mar,
tu dulce languidez
me hacía suspirar,
y aquel dulzor sutil
de mi ilusión fatal
a la luz de la luna
lo viste naufragar.

(La Tía *y el* Tío *bailan.* Rosita *se dirige a la pareja* Soltera 2ª *y* Ayola. *Baila con la soltera. La* Ayola *bate palmas al ver a los viejos y el* Ama *al entrar hace el mismo juego).*

TELON

ACTO TERCERO

(Sala baja de ventanas con persianas verdes que dan al Jardín del Carmen. Hay un silencio en la escena. Un reloj da las seis de la tarde. Cruza la escena el Ama *con un cajón y una maleta. Han pasado diez años. Aparece la* Tía *y se sienta en una silla baja, en el centro de la escena. Silencio. El reloj vuelve a dar las seis. Pausa).*

AMA *(entrando).* —La repetición de las seis.

TIA —¿Y la niña?

AMA —Arriba, en la torre. Y usted, ¿dónde estaba?

TIA —Quitando las últimas macetas del invernadero.

AMA —No la he visto en toda la mañana.

TIA —Desde que murió mi marido está la casa tan vacía que parece el doble de grande, y hasta tenemos que buscarnos. Algunas noches, cuando toso en mi cuarto, oigo un eco como si estuviera en una iglesia.

AMA —Es verdad que la casa resulta demasiado grande.

TIA —Y luego... si él viviera, con aquella claridad que tenía, con aquel talento... *(Casi llorando).*

AMA (*cantando*). — Lan-lan-van-lan-lan . . . No, señora, llorar no lo consiento . . . Hace ya seis años que murió y no quiero que esté usted como el primer día. ¡Bastante lo hemos llorado! ¡A pisar firme, señora! ¡Salga el sol por las esquinas! ¡Que nos espere muchos años todavía cortando rosas!

TIA (*levantándose*). — Estoy muy viejecita, ama. Tenemos encima una ruina muy grande.

AMA — No nos faltará. ¡También yo estoy vieja!

TIA — ¡Ojalá tuviera yo tus años!

AMA — Nos llevamos poco, pero como yo he trabajado mucho, estoy engrasada, y a usted, a fuerza de poltrona, se le han engarabitado las piernas.

TIA — ¿Es que te parece que yo no he trabajado?

AMA — Con las puntillas de los dedos, con hilos, con tallos, con confituras; en cambio, yo he trabajado con las espaldas, con las rodillas, con las uñas.

TIA — Entonces, ¿gobernar una casa no es trabajar?

AMA — Es mucho más difícil fregar sus suelos.

TIA — No quiero discutir.

AMA — ¿Y por qué no? Así pasamos el rato. Ande. Replíqueme. Pero nos hemos quedado mudas. Antes se daban voces.

Que si esto, que si lo otro, que si las natillas, que si no planches más...

TIA —Yo ya estoy entregada... y un día sopas, otro día migas, mi vasito de agua y mi rosario en el bolsillo, esperaría la muerte con dignidad... ¡Pero cuando pienso en Rosita!

AMA —¡Esa es la llaga!

TIA *(enardecida).* —Cuando pienso en la mala acción que le han hecho y en el terrible engaño mantenido y en la falsedad del corazón de ese hombre, que no es de mi familia ni merece ser de mi familia, quisiera tener veinte años para tomar un vapor y llegar a Tucumán y coger un látigo...

AMA *(interrumpiéndola).* —...y coger una espada y cortarle la cabeza y machacársela con dos piedras y cortarle la mano al falso juramento y las mentirosas escrituras de cariño.

TIA —Sí, sí; que pagara con sangre lo que sangre ha costado, aunque toda sea sangre mía, y después...

AMA —...aventar las cenizas sobre el mar.

TIA —Resucitarlo y traerlo con Rosita para respirar satisfecha con la honra de los míos.

AMA —Ahora me dará usted la razón.

TIA —Te la doy.

AMA —Allí encontró la rica que iba buscando y se casó, pero debió decirlo a tiempo. Porque, ¿quién quiere ya a esta mujer? ¡Ya está pasada! Señora: ¿y no le podríamos mandar una carta envenenada, que se muriera de repente al recibirla?

TIA — ¡Qué cosas! Ocho años lleva de matrimonio, y hasta el mes pasado no me escribió el canalla la verdad. Yo notaba algo en las cartas; los poderes que no venían, un aire dudoso..., no se atrevía, pero al fin lo hizo. ¡Claro que después que su padre murió! Y esa criatura...

AMA — ¡Chist...!

TIA — Y recoge las dos orzas.

(Aparece Rosita. *Viene vestida de un rosa claro con moda del 1910. Entra peinada de bucles. Está muy avejentada).*

AMA — ¡Niña!

ROSITA — ¿Qué hacéis?

AMA — Criticando un poquito. Y tú, ¿adónde vas?

ROSITA — Voy al invernadero. ¿Se llevaron ya las macetas?

TIA — Quedan unas pocas.

(Sale Rosita. *Se limpian las lágrimas las dos mujeres).*

AMA — ¿Y ya está? ¿Usted sentada y yo sentada? ¿Y a morir tocan? ¿Y no hay ley? ¿Y no hay gabilos para hacerlo polvo?...

TIA —Calla, ¡no sigas!

AMA —Yo no tengo genio para aguantar estas cosas sin que el corazón me corra por todo el pecho como si fuera un perro perseguido. Cuando yo enterré a mi marido lo sentí mucho, pero tenía en el fondo una gran alegría..., alegría, no..., golpetazos de ver que la enterrada no era yo. Cuando enterré a mi niña... ¿me entiende usted?, cuando enterré a mi niña fue como si me pisotearan las entrañas, pero los muertos son muertos. Están muertos, vamos a llorar, se cierra la puerta, ¡y a vivir! Pero esto de mi Rosita es lo peor. Es querer y no encontrar el cuerpo; es llorar y no saber por quién se llora, es suspirar por alguien que uno sabe que no se merece los suspiros. Es una herida abierta y que mana sin parar un hilito de sangre, y no hay nadie, nadie del mundo, que traiga los algodones, las vendas o el precioso terrón de nieve.

TIA —¿Qué quieres que yo haga?

AMA —Que nos lleve el río.

TIA —A la vejez todo se nos vuelve de espaldas.

AMA —Mientras yo tenga brazos nada le faltará.

TIA *(Pausa. Muy bajo, como con vergüenza).* —Ama, ¡ya no puedo pagar tus mensualidades! Tendrás que abandonarnos.

AMA — ¡Huuy! ¡Qué airazo entra por las ventanas! ¡Huuy...! ¿O será que me estoy volviendo sorda? Pues... ¿y las ganas que me entran de cantar? ¡Como los niños que salen del colegio! (*Se oyen voces infantiles*). ¿Lo oye usted, señora? Mi señora, más señora que nunca. (*La abraza*).

TIA — Oye.

AMA — Voy a guisar. Una cazuela de jureles perfumada con hinojos.

TIA — ¡Escucha!

AMA — ¡Y un monte nevado! Le voy a hacer un monte nevado con grageas de colores...

TIA — ¡Pero mujer!...

AMA (*a voces*). — ¡Digo!... ¡Si está aquí don Martín! Don Martín, ¡adelante! ¡Vamos! Entretenga un poco a la señora. (*Sale rápida. Entra* Don Martín. *Es un viejo con el pelo rojo. Lleva una muleta con la que sostiene una pierna encogida. Tipo noble, de gran dignidad, con un aire de tristeza definitiva*).

TIA — ¡Dichosos los ojos!

MARTIN — ¿Cuándo es la arrancada definitiva?

TIA — Hoy.

MARTIN — ¡Qué se le va a hacer!

TIA — La nueva casa no es esto. Pero tiene buenas vistas y un patinillo con dos higueras donde se pueden tener flores.

MARTIN —Más vale así. *(Se sienta).*

TIA —¿Y usted?

MARTIN —Mi vida de siempre. Vengo de explicar mi clase de Preceptiva. Un verdadero infierno. Era una lección preciosa: "Concepto y definición de la Harmonía", pero a los niños no les interesa nada. ¡Y qué niños! A mí, como me ven inútil, me respetan un poquito; alguna vez un alfiler que otro en el asiento, o un muñequito en la espalda, pero a mis compañeros les hacen cosas horribles. Son los niños de los ricos y, como pagan, no se les puede castigar. Así nos dice siempre el Director. Ayer se empeñaron en que el pobre señor Canito, profesor nuevo de geografía, llevaba corsé, porque tiene un cuerpo algo retrepado, y cuando estaba solo en el patio, se reunieron los grandullones y los internos, lo desnudaron de cintura para arriba, lo ataron a una de las columnas del corredor y le arrojaron desde el balcón un jarro de agua.

TIA —¡Pobre criatura!

MARTIN —Todos los días entro temblando en el colegio esperando lo que van a hacerme, aunque, como digo, respetan algo mi desgracia. Hace un rato tenían un escándalo enorme porque el señor Consuegra, que explica latín admirablemente, había encontrado un excremento de gato sobre su lista de clase.

TIA —¡Son el enemigo!

MARTIN —Son los que pagan y vivimos con ellos. Y créame usted que los padres se ríen luego de las infamias, porque como somos los pasantes y no les vamos a examinar los hijos, nos consideran como hombres sin sentimiento, como a personas situadas en el último escalón de gente que lleva todavía corbata y cuello planchado.

TIA —¡Ay, don Martín! ¡Qué mundo éste!

MARTIN —¡Qué mundo! Yo soñaba siempre ser poeta. Me dieron una flor natural y escribí un drama que nunca se pudo representar.

TIA —¿"La hija del Jefté"?

MARTIN —¡Eso es!

TIA —Rosita y yo lo hemos leído. Usted nos lo prestó. ¡Lo hemos leído cuatro o cinco veces!

MARTIN *(con ansia).* —¿Y qué...?

TIA —Me gustó mucho. Se lo he dicho siempre. Sobre todo cuando ella va a morir y se acuerda de su madre y la llama.

MARTIN —Es fuerte, ¿verdad? Un drama verdadero. Un drama de contorno y de concepto. Nunca se pudo representar.

(Rompiendo a recitar).

¡Oh madre excelsa! Torna tu mirada
a la que en vil sopor rendida yace;

¡recibe tú las fúlgidas preseas
y el hórrido estertor de mi combate!

¿Y es que esto está mal? ¿Y es que no suena bien de acento y de sesuda este verso: "y el hórrido estertor de mi combate"?

TIA —¡Precioso! ¡Precioso!

MARTIN —Y cuando Glucinio se va a encontrar con Isaías y levanta el tapiz de la tienda...

AMA *(interrumpiéndole).* —Por aquí. *(Entran dos obreros vestidos con trajes de pana).*

OBRERO 1º —Buenas tardes.

MARTIN y TIA *(juntos).* —Buenas tardes.

AMA —¡Ese es! *(Señala un diván grande que hay al fondo de la habitación. Los hombres lo sacan lentamente como si sacaran un ataúd. El* Ama *los sigue. Silencio. Se oyen dos campanadas mientras salen los hombres con el diván).*

MARTIN —¿Es la novena de Santa Gertrudis la Magna?

TIA —Sí, en San Antón.

MARTIN —¡Es muy difícil ser poeta! *(Salen los hombres).* Después quise ser farmacéutico. Es una vida tranquila.

TIA —Mi hermano, que en gloria esté, era farmacéutico.

MARTIN — Pero no pude. Tenía que ayudar a mi madre y me hice profesor. Por eso envidiaba yo tanto a su marido. El fue lo que quiso.

TIA — ¡Y le costó la ruina!

MARTIN — Sí, pero es peor esto mío.

TIA — Pero usted sigue escribiendo.

MARTIN — No sé por qué escribo, porque no tengo ilusión, pero sin embargo es lo único que me gusta. ¿Leyó usted mi cuento de ayer en el segundo número de "Mentalidad Granadina"?

TIA — ¿"El cumpleaños de Matilde"? Sí, lo leímos: una preciosidad.

MARTIN — ¿Verdad que sí? Ahí he querido renovarme haciendo una cosa de ambiente actual; ¡hasta hablo de un aeroplano! Verdad es que hay que modernizarse. Claro que lo que más me gusta a mí son mis sonetos.

TIA — ¡A las nueve musas del Parnaso!

MARTIN — A las diez, a las diez. ¿No se acuerda usted que nombré décima musa a Rosita?

AMA *(entrando)*. — Señora, ayúdeme usted a doblar esta sábana. *(Se ponen a doblarla entre las dos)*. ¡Don Martín con su pelito rojo! ¿Por qué no se casó, hombre de Dios? ¡No estaría tan solo en esta vida!

MARTIN — ¡No me han querido!

AMA — Es que ya no hay gusto. ¡Con la manera de hablar tan preciosa que tiene usted!

TIA — ¡A ver si lo vas a enamorar!

MARTIN — ¡Que pruebe!

AMA — Cuando él explica en la sala baja del colegio, yo voy a la carbonería para oírlo: ¿"Qué es idea"? "La representación intelectual de una cosa o un objeto". ¿No es así?

MARTIN — ¡Mírenla! ¡Mírenla!

AMA — Ayer decía a voces: "No; ahí hay hipérbaton" y luego... "el epinicio"... A mí me gustaría entender, pero como no entiendo me dan ganas de reír, y el carbonero, que siempre está leyendo un libro que se llama "Las ruinas de Palmira", me echa unas miradas como si fueran dos gatos rabiosos, pero aunque me ría, como ignorante, comprendo que don Martín tiene mucho mérito.

MARTIN — No se le da hoy mérito a la Retórica y Poética, ni a la cultura universitaria. (*Sale el* Ama *rápida con la sábana doblada).*

TIA — ¡Qué le vamos a hacer! Ya nos queda poco tiempo en este teatro.

MARTIN — Y hay que emplearlo en la bondad y en el sacrificio. *(Se oyen voces).*

TIA — ¿Qué pasa?

AMA *(apareciendo).* — Don Martín, que vaya usted al Colegio, que los niños han roto con un clavo las cañerías y están todas las clases inundadas.

MARTIN — Vamos allá. Soñé con el Parnaso y tengo que hacer de albañil y fontanero. Con tal de que no me empujen o resbale... *(El* Ama *ayuda a levantarse a* Don Martín. *Se oyen voces).*

AMA — ¡Ya va!... ¡Un poco de calma! ¡A ver si el agua sube hasta que no quede un niño vivo!

MARTIN (*saliendo*). — ¡Bendito sea Dios!

TIA — ¡Pobre, que sino el suyo!

AMA — Mírese en ese espejo. El mismo se plancha los cuellos y cose sus calcetines, y cuando estuvo enfermo, que le llevé las natillas, tenía una cama con unas sábanas que tiznaban como el carbón y unas paredes y un lavabillo... ¡ay!

TIA — ¡Y otros, tanto!

AMA — Por eso siempre diré: ¡Malditos, malditos sean los ricos! ¡No quede de ellos ni las uñas de las manos!

TIA — ¡Déjalos!

AMA — Pero estoy segura que van al infierno de cabeza. ¿Dónde cree usted que estará don Rafael Salé, explotador de los pobres, que enterraron anteayer (Dios lo haya perdonado) con tanto cura y tanta monja y tanto gori-gori? ¡En el infierno! Y él dirá: "¡Que tengo veinte millones de pesetas, no me apretéis con las tenazas! ¡Os doy cuarenta mil duros si me arrancáis estas brasas de los pies!"; pero los demonios, tizonazo por aquí, tizonazo por allá, puntapié que te quiero, bofetadas en la cara, hasta que la sangre se le convierta en carbonilla.

TIA —Todos los cristianos sabemos que ningún rico entra en el reino de los cielos, pero a ver si por hablar de ese modo vas a parar también al infierno de cabeza.

AMA —¿Al infierno yo? Del primer empujón que le doy a la caldera de Pedro Botero, hago llegar el agua caliente a los confines de la tierra. No, señora, no. Yo entro en el cielo a la fuerza. *(Dulce)*. Con usted. Cada una en una butaca de seda celeste que se meza ella sola, y unos abanicos de raso grana. En medio de las dos, en un columpio de jazmines y matas de romero, Rosita meciéndose y detrás su marido cubierto de rosas como salió en su caja de esa habitación; con la misma sonrisa, con la misma frente blanca como si fuera de cristal, y usted se mece así, y yo así, y Rosita así, y detrás el señor tirándonos rosas como si las tres fuéramos un paso de nácar lleno de cirios y caireles.

TIA —Y los pañuelos para las lágrimas que se queden aquí abajo.

AMA —Eso, que se fastidien. Nosotras, ¡juerga celestial!

TIA — ¡Porque ya no nos queda una sola dentro del corazón!

OBRERO 1º — Ustedes dirán.

AMA — Vengan. *(Entran. Desde la puerta).* ¡Animo!

TIA — ¡Dios te bendiga! *(La* Tía *se sienta lentamente. Aparece* Rosita *con un paquete de cartas en la mano. Silencio).*

TIA — ¿Se han llevado ya la cómoda?

ROSITA — En este momento. Su prima Esperanza mandó un niño por un destornillador.

TIA — Estarán armando las camas para esta noche. Debimos irnos temprano y haber hecho las cosas a nuestro gusto. Mi prima habrá puesto los muebles de cualquier manera.

ROSITA — Pero yo prefiero salir de aquí con la calle a oscuras. Si me fuera posible apagaría el farol. De todos modos las vecinas estarán acechando. Con la mudanza ha estado todo el día la puerta llena de chiquillos como si en la casa hubiera un muerto.

TIA — Si yo lo hubiera sabido no hubiese consentido de ninguna manera que tu tío hubiera hipotecado la casa con muebles y todo. Lo que sacamos es lo sucinto, la silla para sentarnos y la cama para dormir.

ROSITA — Para morir.

TIA —¡Fue buena jugada la que nos hizo! ¡Mañana vienen los nuevos dueños! Me gustaría que tu tío nos viera. ¡Viejo tonto! Pusilánime para los negocios. ¡Chalado de las rosas! ¡Hombre sin idea del dinero! Me arruinaba cada día. "Ahí está fulano": y él, "que entre" y entraba con los bolsillos vacíos y salía con ellos rebosando plata y siempre: "Que no se entere mi mujer". ¡El manirroto! ¡El débil! Y no había calamidad que no remediara... ni niños que no amparara porque... porque... tenía el corazón más grande que hombre tuvo... el alma cristiana más pura...; no, no, ¡cállate, vieja! ¡Cállate, habladora, y respeta la voluntad de Dios! ¡Arruinadas! Muy bien y ¡silencio!, pero te veo a ti...

ROSITA —No se preocupe de mí, tía. Yo sé que la hipoteca la hizo para pagar mis muebles y mi ajuar y esto es lo que me duele.

TIA —Hizo bien. Tú lo merecías todo. Y todo lo que se compró es digno de ti y será hermoso el día que lo uses.

ROSITA —¿El día que lo use?

TIA —¡Claro! El día de tu boda.

ROSITA —No me haga usted hablar.

TIA —Ese es el defecto de las mujeres decentes de estas tierras. ¡No hablar! No hablamos y tenemos que hablar. (*A voces*) ¡Ama! ¿Ha llegado el correo?

ROSITA —¿Qué se propone usted?

TIA —Que me veas vivir, para que aprendas.

ROSITA *(abrazándola).* —Calle.

TIA —Alguna vez tengo que hablar alto. Sal de tus cuatro paredes, hija mía. No te hagas a la desgracia.

ROSITA *(arrodillada delante de ella).* —Me he acostumbrado a vivir muchos años fuera de mí, pensando en cosas que estaban muy lejos, y ahora que estas cosas ya no existen sigo dando vueltas y más vueltas por un sitio frío, buscando una salida que no he de encontrar nunca. Yo lo sabía todo. Sabía que se había casado; ya se encargó un alma caritativa de decírmelo, y he estado recibiendo sus cartas con una ilusión llena de sollozos que aun a mí misma me asombraba. Si la gente no hubiera hablado; si vosotras no lo hubierais sabido; si no lo hubiera sabido nadie más que yo, sus cartas y su mentira hubieran alimentado mi ilusión como el primer año de su ausencia. Pero lo sabían todos y yo me encontraba señalada por un dedo que hacía ridícula mi modestia de prometida y daba un aire grotesco a mi abanico de soltera. Cada año que pasaba era como una prenda íntima que arrancaran de mi cuerpo. Y hoy se casa una amiga y otra y otra, y mañana tiene un hijo y crece, y viene a enseñarme sus notas de examen, y hacen casas nuevas y canciones nuevas, y yo igual, con el mismo temblor, igual; yo, lo mismo que antes, cortando el mismo clavel, viendo las mismas nubes y un día bajo al paseo y me doy cuenta de que no conozco a nadie; muchachos y muchachas me dejan atrás porque me canso, y uno dice: "ahí está la solterona", y otro hermoso, con la cabeza rizada, que comenta: "a ésa ya no hay quien le clave el diente". Y yo lo oigo y no puedo gritar, si no vamos adelante, con la boca llena de veneno y con unas ganas enormes de huir, de quitarme lòs zapatos, de descansar y no moverme más, nunca, de mi rincón.

TIA — ¡Hija! ¡Rosita!

ROSITA — Ya soy vieja. Ayer le oí decir al Ama que todavía podía yo casarme. De ningún modo. No lo pienses. Ya perdí la esperanza de hacerlo con quien quise y... con quien quiero. Todo está acabado... y sin embargo, con toda la ilusión perdida, me acuesto, y me levanto con el más terrible de los sentimientos, que es el sentimiento de tener la esperanza muerta. Quiero huir, quiero no ver, quiero quedarme serena, vacía (¿es que no tiene derecho una pobre mujer a respirar con libertad?). Y sin embargo la esperanza me persigue, me ronda, me muerde; como un lobo moribundo que apretara sus dientes por última vez.

TIA — ¿Por qué no me hiciste caso? ¿Por qué no te casaste con otro?

ROSITA — Estaba atada, y además, ¿qué hombre vino a esta casa sincero y desbordante para procurarse mi cariño? Ninguno.

TIA — Tú no les hacías ningún caso. Tú estabas encelada por un palomo ladrón.

ROSITA — Yo he sido siempre seria.

TIA — Te has aferrado a tu idea sin ver la realidad y sin tener caridad de tu porvenir.

ROSITA — Soy como soy. Y no me puedo cambiar. Ahora lo único que me queda es mi dignidad. Lo que tengo por dentro lo guardo para mí sola.

TIA — Eso es lo que yo no quiero.

AMA *(saliendo de pronto).* — ¡Ni yo tampoco! Tú hablas, te desahogas, nos hartamos de llorar las tres y nos repartimos el sentimiento.

ROSITA — ¿Y qué os voy a decir? Hay cosas que no se pueden decir porque no hay palabras para decirlas; y si las hubiera, nadie entendería su significado. Me entendéis si pido pan y agua y hasta un beso, pero nunca me podrías ni entender ni quitar esta mano oscura que no sé si se me hiela o me abraza el corazón cada vez que me quedo sola.

AMA — Ya estás diciendo algo.

TIA — Para todo hay consuelo.

ROSITA — Sería el cuento de nunca acabar. Yo sé que los ojos los tendré siempre jóvenes, y sé que la espalda se me irá curvando cada día. Después de todo, lo que me ha pasado les ha pasado a mil mujeres. *(Pausa)*. Pero, ¿por qué estoy yo hablando todo esto? *(Al* Ama*)*. Tú, vete a arreglar cosas, que dentro de unos momentos salimos de este carmen, y usted, tía, no se preocupe de mí. *(Pausa. Al* Ama*)*. ¡Vamos! No me agrada que me miréis así. Me molestan esas miradas de perros fieles. *(Se va el* Ama). Esas miradas de lástima que me perturban y me indignan.

TIA — Hija, ¿qué quieres que yo haga?

ROSITA — Dejadme como cosa perdida. *(Pausa. Se pasea)*. Ya sé que se está usted acordando de su hermana la solterona..., solterona como yo. Era agria y odiaba a los niños y a toda la que se ponía un traje nuevo... pero yo no seré así. *(Pausa)*. Le pido perdón.

TIA — ¡Qué tontería! *(Aparece por el fondo de la habitación un muchacho de dieciocho años)*.

ROSITA — Adelante.

MUCHACHO — Pero ¿se mudan ustedes?

ROSITA — Dentro de unos minutos. Al oscurecer.

TIA — ¿Quién es?

ROSITA — Es el hijo de María.

TIA — ¿Qué María?

ROSITA — La mayor de las tres Manolas.

TIA — ¡Ah!
Las que suben a la Alhambra
las tres y las cuatro solas.

— Perdona, hijo, mi mala memoria.

MUCHACHO — Me ha visto usted muy pocas veces.

TIA — Claro, pero yo quería mucho a tu madre. ¡Qué graciosa era! Murió por la misma época que mi marido.

ROSITA — Antes.

MUCHACHO — Hace ocho años.

ROSITA — Y tiene la misma cara.

MUCHACHO *(alegre).* — Un poquito peor. Yo la tengo hecha a martillazos.

TIA — Y las mismas salidas; ¡el mismo genio!

MUCHACHO — Pero, claro que me parezco. En carnaval me puse un vestido de mi madre. . . , un vestido del año de la nana, verde. . .

ROSITA *(melancólica).* — Con lazos negros. . . y bullones de seda verde nilo.

MUCHACHO — Sí.

ROSITA — Y un gran lazo de terciopelo en la cintura.

MUCHACHO — El mismo.

ROSITA — Que cae a un lado y otro del polisón.

MUCHACHO — ¡Exacto! ¡Qué disparate de moda! *(Se sonríe).*

ROSITA (*triste*). —¡Era una moda bonita!

MUCHACHO —¡No me diga usted! Pues bajaba yo muerto de risa con el vejestorio puesto, llenando todo el pasillo de la casa de olor de alcanfor, y de pronto mi tía se puso a llorar amargamente porque decía que era exactamente igual que ver a mi madre. Yo me impresioné, como es natural, y dejé el traje y el antifaz sobre mi cama.

ROSITA —Como que no hay cosa más viva que un recuerdo. Llegan a hacernos la vida imposible. Por eso yo comprendo muy bien a esas viejecillas borrachas que van por las calles queriendo borrar el mundo, y se sientan a cantar en los bancos del paseo.

TIA —¿Y tu tía la casada?

MUCHACHO —Escribe desde Barcelona. Cada vez menos.

ROSITA —¿Tiene hijos?

MUCHACHO —Cuatro. (*Pausa*).

AMA (*entrando*). —Deme usted las llaves del armario. (*La* Tía *se las da. Por el* Muchacho). Aquí, el joven iba ayer con su novia. Los vi por la Plaza Nueva. Ella quería ir por un lado y él no la dejaba. (*Ríe*).

AMA —¡Vamos, con el niño!

MUCHACHO (*azorado*). —Estábamos de broma.

AMA —¡No te pongas colorado! (*Saliendo*).

ROSITA — ¡Vamos, calla!

MUCHACHO — ¡Qué jardín más precioso tienen ustedes!

ROSITA — ¡Teníamos!

TIA — Ven, y corta unas flores.

MUCHACHO — Usted lo pase bien, doña Rosita.

ROSITA — ¡Anda con Dios, hijo! *(Salen. La tarde está cayendo).*

ROSITA — ¡Doña Rosita! ¡Doña Rosita!
Cuando se abre en la mañana,
roja como sangre está.
La tarde la pone blanca
con blanco de espuma y sal.
Y cuando llega la noche
se comienza a deshojar.

(Pausa).

AMA *(sale con un chal).* — ¡En marcha!

ROSITA — Sí, voy a echarme un abrigo.

AMA — Como he descolgado la percha, lo tienes enganchado en el tirador de la ventana. *(Entra la* Solterona 3ª, *vestida de oscuro, con un velo de luto en la cabeza y la pierna, que se llevaba en el año doce. Hablan bajo).*

SOLTERONA 3ª — ¡Ama!

AMA — Por unos minutos nos encuentra aquí.

SOLTERONA 3ª — Yo vengo a dar una lección de piano que tengo aquí cerca y me llegué por si necesitaban algo.

AMA — ¡Dios se lo pague!

SOLTERONA 3ª — ¡Qué cosa más grande!

AMA — Sí, sí, pero no me toque usted el corazón, no me levante la gasa de la pena, porque yo soy la que tiene que dar ánimos en este duelo sin muerto que está usted presenciando.

SOLTERONA 3ª — Yo quisiera saludarlas.

AMA — Pero es mejor que no las vea. ¡Vaya por la otra casa!

SOLTERONA 3ª — Es mejor. Pero si hace falta algo, ya sabe que en lo que pueda, aquí estoy yo.

AMA — ¡Ya pasará la mala hora! *(Se oye el viento).*

SOLTERONA 3ª — ¡Se ha levantado un aire!

AMA — Sí. Parece que va a llover. *(La* Solterona 3ª *se va).*

TIA *(entra).* — Como siga este viento, no va a quedar una rosa viva. Los cipreses de la glorieta casi tocan las paredes de mi cuarto. Parece como si alguien quisiera poner el jardín feo para que no tuviésemos pena de dejarlo.

AMA — Como precioso, precioso, no ha sido nunca. ¿Se ha puesto su abrigo? Y esta nube. Así, bien tapada. *(Se la pone).* Ahora, cuando lleguemos tengo la comida hecha. De postre, flan. A usted le gusta. Un flan dorado como una clavellina. *(El* Ama *habla con la voz velada por una profunda emoción. Se oye un golpe).*

TIA — Es la puerta del invernadero. ¿Por qué no la cierras?

AMA — No se puede cerrar por la humedad.

TIA — Estará toda la noche golpeando.

AMA — ¡Como no la oiremos...! *(La escena está en una dulce penumbra de atardecer).*

TIA — Yo sí. Yo sí la oiré.

(Aparece Rosita. *Viene pálida, vestida de blanco, con un abrigo hasta el filo del vestido).*

AMA *(valiente).* — ¡Vamos!

ROSITA *(con voz débil).* — Ha empezado a llover. Así no habrá nadie en los balcones para vernos salir.

TIA — Es preferible.

ROSITA

(Vacila un poco, se apoya en una silla y cae sostenida por el Ama *y la* Tía *que impiden su total desmayo).*

"Y cuando llega la noche
se comienza a deshojar".

(Salen y a su mutis queda la escena sola. Se oye golpear la puerta. De pronto se abre un balcón del fondo y las blancas cortinas oscilan con el viento).

TELON

POESIA LIRICA

POEMA DEL CANTE JONDO (1921)

Poema de la Saeta.
Camino.
Las Seis Cuerdas.
Café Cantante.

CANCIONES (1921 - 1924)

Canción de Jinete.
Cazador.
La Luna Asoma.
Arbolé Arbolé.

ROMANCERO GITANO (1924 - 1927)

Preciosa y el Aire.
La Monja Gitana.
Romance de la Pena Negra.

LLANTO POR IGNACIO SANCHEZ MEJIAS (1935)

La Cogida y la Muerte.

POEMA DEL CANTE JONDO (1921)

POEMA DE LA SAETA

SEVILLA

Sevilla es una torre
llena de arqueros finos.

Sevilla para herir.
Córdoba para morir.

Una ciudad que acecha
largos ritmos,
y los enrosca
como laberintos.
Como tallos de parra
encendidos.

¡Sevilla para herir!

Bajo el arco del cielo,
sobre su llano limpio,
dispara la constante
saeta de su río.

¡Córdoba para morir!

Y loca de horizonte,
mezcla en su vino,

lo amargo de Don Juan
y lo perfecto de Dionisio.

Sevilla para herir.
¡Siempre Sevilla para herir!

CAMINO

Cien jinetes enlutados,
¿dónde irán,
por el cielo yacente
del naranjal?
Ni a Córdoba ni a Sevilla
llegarán.
Ni a Granada la que suspira
por el mar.
Esos caballos soñolientos
los llevarán
al laberinto de las cruces
donde tiembla el cantar.
Con siete ayes clavados,
¿dónde irán
los cien jinetes andaluces
del naranjal?

LAS SEIS CUERDAS

La guitarra
hace llorar a los sueños.

El sollozo de las almas
perdidas
se escapa por su boca
redonda.
Y como la tarántula,
teje una gran estrella
para cazar suspiros,
que flotan en su negro
aljibe de madera.

CAFE CANTANTE

Lámparas de cristal
y espejos verdes.

Sobre el tablado oscuro,
la Parrala sostiene
una conversación
con la muerte.
La llama,
no viene,
y la vuelve a llamar.
Las gentes
aspiran los sollozos.
Y en los espejos verdes,
largas colas de seda
se mueven.

CANCIONES
(1921 - 1924)

CANCION DE JINETE

Córdoba.
Lejana y sola.

Jaca negra, luna grande,
y aceitunas en mi alforja.
Aunque sepa los caminos
yo nunca llegaré a Córdoba.

Por el llano, por el viento,
jaca negra, luna roja.
La muerte me está mirando
desde las torres de Córdoba.

¡Ay qué camino tan largo!
¡Ay mi jaca valerosa!
¡Ay que la muerte me espera,
antes de llegar a Córdoba!

Córdoba.
Lejana y sola.

CAZADOR

¡Alto pinar!
Cuatro palomas por el aire van.

Cuatro palomas
vuelan y tornan.
Llevan heridas
sus cuatro sombras.

¡Bajo pinar!
Cuatro palomas en la tierra están.

LA LUNA ASOMA

Cuando sale la luna
se pierden las campanas
y aparecen las sendas
impenetrables.

Cuando sale la luna,
el mar cubre la tierra
y el corazón se siente
isla en el infinito.

Nadie come naranjas
bajo la luna llena.
Es preciso comer
fruta verde y helada.

Cuando sale la luna
de cien rostros iguales,
la moneda de plata
solloza en el bolsillo.

ARBOLE ARBOLE

Arbolé arbolé
seco y verdé.

La niña del bello rostro
está cogiendo aceituna.
El viento, galán de torres,
la prende por la cintura.
Pasaron cuatro jinetes,
sobre jacas andaluzas,
con trajes de azul y verde,
con largas capas oscuras.
"Vente a Córdoba, muchacha".
La niña no los escucha.
Pasaron tres torerillos
delgaditos de cintura,
con trajes color naranja
y espadas de plata antigua.
"Vente a Sevilla, muchacha".
La niña no los escucha.
Cuando la tarde se puso
morada, con luz difusa,
pasó un joven que llevaba
rosas y mirtos de luna.
"Vente a Granada, muchacha".
Y la niña no lo escucha.
La niña del bello rostro
sigue cogiendo aceituna,
con el brazo gris del viento
ceñido por la cintura.

Arbolé arbolé
seco y verdé.

ROMANCERO GITANO
(1924 - 1927)

PRECIOSA Y EL AIRE

Su luna de pergamino
Preciosa tocando viene
por un anfibio sendero
de cristales y laureles.
El silencio sin estrellas,
huyendo del sonsonete,
cae donde el mar bate y canta
su noche llena de peces.
En los picos de la sierra
los carabineros duermen
guardando las blancas torres
donde viven los ingleses.
Y los gitanos del agua
levantan por distraerse
glorietas de caracolas
y ramas de pino verde.

*

Su luna de pergamino
Preciosa tocando viene.
Al verla se ha levantado
el viento que nunca duerme.

San Cristobalón desnudo,
lleno de lenguas celestes,
mira a la niña tocando
una dulce gaita ausente.
—Niña, deja que levante
tu vestido para verte.
Abre en mis dedos antiguos
la rosa azul de tu vientre.

*

Preciosa tira el pandero
y corre sin detenerse.
El viento-hombrón la persigue
con una espada caliente.

Frunce su rumor el mar.
Los olivos palidecen.
Cantan las flautas de umbría
y el liso gong de la nieve.

¡Preciosa, corre, Preciosa,
que te coge el viento verde!
¡Preciosa, corre, Preciosa!
¡Míralo por dónde viene!
Sátiro de estrellas bajas
con sus lenguas relucientes.

*

Preciosa, llena de miedo,
entra en la casa que tiene,
más arriba de los pinos,
el cónsul de los ingleses.

Asustados por los gritos
tres carabineros vienen,
sus negras capas ceñidas
y los gorros en las sienes.

El inglés da a la gitana
un vaso de tibia leche,
y una copa de ginebra
que Preciosa no se bebe.

Y mientras cuenta, llorando,
su aventura a aquella gente,
en las tejas de pizarra
el viento, furioso, muerde.

LA MONJA GITANA

Silencio de cal y mirto.
Malvas en las hierbas finas.
La monja borda alhelíes
sobre una tela pajiza.
Vuelan en la araña gris,
siete pájaros del prisma.
La iglesia gruñe a lo lejos
como un oso panza arriba.
¡Qué bien borda! ¡Con qué gracia!
Sobre la tela pajiza,
ella quisiera bordar
flores de su fantasía.
¡Qué girasol! ¡Qué magnolia
de lentejuelas y cintas!
¡Qué azafranes y qué lunas,
en el mantel de la misa!
Cinco toronjas se endulzan
en la cercana cocina.
Las cinco llagas de Cristo
cortadas en Almería.
Por los ojos de la monja
galopan dos caballistas.

Un rumor último y sordo
le despega la camisa,
y al mirar nubes y montes
en las yertas lejanías,
se quiebra su corazón
de azúcar y yerbaluisa.
¡Oh!, qué llanura empinada
con veinte soles arriba.
¡Qué ríos puestos de pie
vislumbra su fantasía!
Pero sigue con sus flores,
mientras que de pie, en la brisa,
la luz juega el ajedrez
alto de la celosía.

ROMANCE DE LA PENA NEGRA

Las piquetas de los gallos
cavan buscando la aurora,
cuando por el monte oscuro
baja Soledad Montoya.
Cobre amarillo, su carne
huele a caballo y a sombra.
Yunques ahumados sus pechos,
gimen canciones redondas.

—Soledad, ¿por quién preguntas
sin compaña y a estas horas?
—Pregunte por quien pregunte,
dime: ¿a ti qué se te importa?
Vengo a buscar lo que busco,
mi alegría y mi persona.

—Soledad de mis pesares,
caballo que se desboca
al fin encuentra la mar
y se lo tragan las olas.

—No me recuerdes el mar
que la pena negra brota
en las tierras de aceituna
bajo el rumor de las hojas.

—¡Soledad, qué pena tienes!
¡Qué pena tan lastimosa!
Lloras zumo de limón
agrio de espera y de boca.

—¡Qué pena tan grande! Corro
mi casa como una loca,
mis dos trenzas por el suelo,
de la cocina a la alcoba.
¡Qué pena! Me estoy poniendo
de azabache carne y ropa.
¡Ay, mis camisas de hilo!
¡Ay, mis muslos de amapola!

—Soledad, lava tu cuerpo
con agua de las alondras,
y deja tu corazón
en paz, Soledad Montoya.

*

Por abajo canta el río:
volante de cielo y hojas.
Con flores de calabaza
la nueva luz se corona.

¡Oh pena de los gitanos!
Pena limpia y siempre sola.
¡Oh pena de cauce oculto
y madrugada remota!

LLANTO POR IGNACIO SANCHEZ MEJIAS
(1935)

LA COGIDA Y LA MUERTE

A las cinco de la tarde.
Eran las cinco en punto de la tarde.
Un niño trajo la blanca sábana
A LAS CINCO DE LA TARDE.
Una espuerta de cal ya prevenida
A LAS CINCO DE LA TARDE.
Lo demás era muerte y sólo muerte
A LAS CINCO DE LA TARDE.

El viento se llevó los algodones
A LAS CINCO DE LA TARDE.
Y el óxido sembró cristal y níquel
A LAS CINCO DE LA TARDE.
Ya luchan la paloma y el leopardo
A LAS CINCO DE LA TARDE.
Y un muslo con un asta desolada
A LAS CINCO DE LA TARDE.
Comenzaron los sones del bordón
A LAS CINCO DE LA TARDE.
Las campanas de arsénico y el humo
A LAS CINCO DE LA TARDE.

En las esquinas grupos de silencio
A LAS CINCO DE LA TARDE.
¡Y el toro solo corazón arriba!
A LAS CINCO DE LA TARDE.
Cuando el sudor de nieve fue llegando
A LAS CINCO DE LA TARDE,
cuando la plaza se cubrió de yodo
A LAS CINCO DE LA TARDE,
la muerte puso huevos en la herida
A LAS CINCO DE LA TARDE.
A LAS CINCO DE LA TARDE.
A LAS CINCO EN PUNTO DE LA TARDE.

Un ataúd con ruedas es la cama
A LAS CINCO DE LA TARDE.
Huesos y flautas suenan en su oído
A LAS CINCO DE LA TARDE.
El toro aún mugía por su frente
A LAS CINCO DE LA TARDE.
El cuarto se irisaba de agonía
A LAS CINCO DE LA TARDE.
A lo lejos ya viene la gangrena
A LAS CINCO DE LA TARDE.
Trompa de lirio por las verdes ingles
A LAS CINCO DE LA TARDE.
Las heridas quemaban como soles
A LAS CINCO DE LA TARDE,
y el gentío rompía las ventanas
A LAS CINCO DE LA TARDE.
A las cinco de la tarde.
¡Ay que terribles cinco de la tarde!
¡Eran las cinco en todos los relojes!
¡Eran las cinco en sombra de la tarde!

INDICE

Notas sobre Federico García Lorca 7

BODAS DE SANGRE 17
Acto Primero 18
Acto Segundo 43
Acto Tercero 72

DOÑA ROSITA LA SOLTERA 97
Acto Primero 98
Acto Segundo 117
Acto Tercero 146

POESIA LIRICA 171

POEMA DEL CANTE JONDO
Poema de la saeta 173
Camino 174
Las seis cuerdas 174
Café Cantante 175

CANCIONES
Canción de Jinete 176
Cazador 177
La Luna asoma 177
Arbolé Arbolé 179

ROMANCERO GITANO
Preciosa y el Aire 181
La Monja Gitana 183
Romance de la Pena Negra 185

LLANTO POR IGNACIO SANCHEZ MEJIAS
La cogida y la Muerte 187